STAATSBANKROTT

1. Auflage Juni 2006
2. Auflage Dezember 2006
3. Auflage Januar 2009

Lektorat: Dr. Renate Oettinger
Umschlaggestaltung: ZERO Werbeagentur, München
Satz und Layout: Agentur Pegasus, Zella-Mehlis
Druck und Bindung: CPI – Clausen & Bosse, Leck

ISBN 3-938516-27-5

Gerne senden wir Ihnen unser Verlagsverzeichnis
Kopp Verlag
Pfeiferstraße 52
D-72108 Rottenburg
Email: info@kopp-verlag.de
Tel.: (0 74 72) 98 06-0
Fax: (0 74 72) 98 06-11

Unser Buchprogramm finden Sie auch im Internet unter:
www.kopp-verlag.de

Günter Hannich

Staatsbankrott

Wann kommt die nächste Währungsreform?

KOPP VERLAG

Rechtlicher Hinweis:
Für die private Vermögensverwaltung und Geldanlage ist jeder selbst verantwortlich. Über Informationen zu speziellen Anlageprodukten muß sich jeder vor der Investition bei seiner Bank informieren. Vom Autor kann deshalb keinerlei Verantwortung für Schäden, welche durch falsche Schlußfolgerungen aus den Hinweisen in diesem Buch entstanden sind, übernommen werden. Die vorliegenden Informationen sind gründlich recherchiert worden. Trotzdem können Fehler auftreten, eine Verantwortung kann auch hier vom Autor nicht übernommen werden. Weiterhin schließt der Autor alle Haftungsansprüche jeglicher Art aus.

Inhaltsverzeichnis

»Fast alle Menschen stolpern irgendwann einmal in ihrem Leben über die Wahrheit. Die meisten springen schnell wieder auf, klopfen sich den Staub ab und eilen ihren Geschäften nach, als ob nichts geschehen sei.«
Winston Churchill

Vorwort

In der deutschen Geschichte gab es zwei große Währungsreformen: eine im Jahre 1923 und die zweite 1948. Beiden gingen ein Krieg und die völlige Zerrüttung der Staatsfinanzen voraus. Sparer verloren in diesen Währungsreformen weitgehend ihre Ersparnisse. Diese Ereignisse haben sich so tiefgreifend in das Gedächtnis der Bevölkerung eingeprägt, daß auch fast 60 Jahre nach dem letzten Währungsschnitt noch immer ein großer Teil der Bevölkerung Angst davor hat.

Diese Ängste sind nicht unbegründet. Schon die Einführung des Euros wurde von der breiten Masse eher mit negativen Befürchtungen als mit Freude hingenommen. Und tatsächlich: Der Euro ist eine instabile Währung, die zwangsläufig an den entstehenden Spannungen zerbrechen wird.

Doch dies ist nur ein Aspekt, der unsere Währung in einem immer unsichereren Licht zeigt. Auch die Verschuldung aller Länder, insbesondere die Staatsverschuldung, steigt zunehmend. Damit verbunden ist eine immer größere Unfreiheit der Nationen. Schon längst sind uns die Schulden über den Kopf gewachsen. Kaum ein Land der Welt wäre in der Lage, diese im Laufe der Zeit entstandenen Verpflichtungen je wieder zu tilgen. Sieht man sich dann noch an, daß auch Unternehmen und Privathaushalte in der Schuldenfalle stecken, wird jedem logisch denkenden Menschen klar, daß es in naher Zukunft zu einer Währungskatastrophe kommen muß.

Demgegenüber stecken unsere verantwortlichen Politiker und die Massenmedien anscheinend den Kopf in den Sand und versuchen statt einer Problemlösung lieber die Katastrophe mit zweckoptimistischen Meldungen in die Zukunft hinauszuschieben.

Eine Änderung der Situation ist deshalb nur über eine Aufklärung der Bevölkerung zu erreichen. Wissen über die Hintergründe ist aus dem gleichen Grund auch die einzige Möglichkeit für den einzelnen, sich selbst vor den Auswirkungen einer solchen Krise zu schützen.

»Laßt euch nicht irre machen, wenn viele um euch herum die Zeichen der Zeit nicht verstehen und in Äußerlichkeiten aufgehen, sondern wisset, daß, wenn nur wenige denken und tun, was getan werden muß, ein Segen für die Welt daraus entstehen wird.«

Albert Schweitzer

Die kommende Währungskatastrophe – ein mögliches Szenario?

Nach dem Zweiten Weltkrieg gab es in Deutschland mit der Währungsreform und der D-Mark-Einführung einen grandiosen Wirtschaftsaufschwung. Doch ab den 1970er Jahren begann die Wirtschaft zunächst leicht zu schwächeln, in den 1980er Jahren wurden dann zunehmende Lähmungserscheinungen deutlich, die nur kurzfristig durch den deutschen Einigungsboom Anfang der 1990er Jahre unterbrochen wurden. Einen Scheinaufschwung erlebte die Öffentlichkeit noch Ende der 1990er Jahre, als die Börsenwerte in immer unrealistischere Höhen hinaufgetrieben wurden. Nach dem Platzen der Spekulationsblase setzte die Wirklichkeit wieder mit unbarmherziger Härte ein: Die Arbeitslosigkeit begann schnell zu steigen, die Schulden wurden immer mehr, Unternehmen gingen bankrott. Die Einführung des Euro machte alles nur noch schlimmer, da jetzt vor allem Deutschland zusätzliche Lasten mitzutragen hatte und durch hohe europäische Zinsen die Wirtschaft abgewürgt wurde. Jahr für Jahr verging, doch die bunten Versprechungen der Politiker und Medien von einem »Licht am Horizont« wollten sich einfach nicht mehr erfüllen. Die Preise für Energie und vor allem die staatlichen Leistungen und Gebühren begannen unaufhaltsam zu klettern. Doch anders als viele erwarteten, wuchsen die persönlichen Einkommen wie Renten und Löhne keineswegs mit den Preisen. Ja, es ging mit diesen sogar auf immer tiefere Niveaus. Deshalb verminderte sich die Kaufkraft der meisten Menschen erheblich. Sie konnten nichts anderes mehr tun, als sich einzuschränken und überflüssige Konsumartikel zu meiden. Das versetzte jedoch den Unternehmen und der ganzen Wirtschaft den Todesstoß: Die Betriebe reagierten auf den Umsatzrückgang mit Massenentlassungen. Die Arbeitslosigkeit begann zu wachsen, was auch bald die Medien und Politiker durch alle Arten von Manipulation nicht mehr vertuschen konnten. Die Unzufriedenheit wurde zuerst in Frankreich und Italien offenbar, wo es zu immer schwereren Unruhen kam, die noch viel schlimmer verliefen als beispielsweise jene, die man in Frankreich aus dem Jahre 2005 kannte. Die Regierungen reagierten darauf mit gewaltsamen Maßnahmen und dem Aufbau eines Polizei- und Überwachungsstaates. Doch das alles änderte nichts daran, daß die einzelnen Euro-Länder immer häufiger aus dem Verbund ausscheren wollten. Zuerst erklärte Italien den Austritt aus der Einheitswährung, um durch Einführung der »Neuen Lira« und einer Abwertung derselben wieder Arbeitsplätze zu schaffen. Es ging dann Schlag auf Schlag: Immer mehr Nationen kehrten dem Euro den Rücken, nach Italien Portugal, dann Spanien, Griechenland, Frankreich – bis plötzlich niemand mehr den Euro als Zahlungsmittel akzeptierte. Die deutsche Regierung wechselte alle Euro-Scheine mit der Nummernbezeichnung »X« (alle anderen Scheine wurden nicht angenommen, da nicht von der Deutschen Bundesbank emittiert) in eine »Neue D-Mark« um – allerdings nicht im Verhältnis, wie damals die alte D-Mark in Euro gewechselt wurde, sondern in einem viel ungünstigeren Verhältnis: Der Wechselkurs betrug fünf Euro gegen eine »Neue D-Mark«. Da die Preise sich jedoch nicht entsprechend anpaßten, ging damit ein großer Kaufkraftverlust für diejenigen einher, die noch Ersparnisse hatten. Die Not wurde damit noch größer, und die Wirtschaft erlahmte nun vollkommen, da die Kaufkraft zusammenbrach. Zu der ganzen Misere kam noch, daß auch die asiatischen Wirtschaften mit Japan und China sowie die amerikanische Ökonomie in ähnliche Schwierigkeiten kamen. Die Amerikaner konnten ihr gigantisches Handelsbilanzdefizit nicht mehr finanzieren, weshalb der Dollar international abstürzte und kaum noch als Zahlungsmittel akzeptiert wurde. Dort kam es zu noch schlimmeren Unruhen als in Europa. Die Exporte Asiens und Europas in die USA sanken auf einen Tiefpunkt, der seit dem Zweiten Weltkrieg nicht mehr erreicht wurde. Besonders Deutschland mit seinem hohen Exportanteil wurde davon empfindlich getroffen. In ihrer Not versuchten die meisten Regierungen weltweit durch eine Ankurbelung der Rüstungsindustrie nach altem Rezept »Arbeitsplätze zu schaffen«. Im Zuge dieser heimlichen Rüstungsmaßnahmen und aufgrund der wirtschaftlichen Schwierigkeiten gab es immer mehr militärische Konflikte in der ganzen Welt. Nun begannen die Notenbanken damit, den Staaten Geld für die Rüstungsprojekte gegen Staatspapiere direkt zur Verfügung zu stellen. Das funktionierte auch einige Jahre recht passabel, bis der aufgestaute Inflationsbetrug deutlich wurde. Jetzt war die neue Regierung zum Handeln gezwungen: Sie nutzte die Ermächtigungsgesetze, um den Kriegszustand auszurufen. Dies wurde von anderen Ländern bereits als Kriegserklärung gedeutet, weshalb diese angriffen. Die Folge war der Dritte Weltkrieg, der in der Zerstörung eines Großteils der zivilisierten Welt endete und drei Milliarden Menschen das Leben kostete. Erst nach einer Währungsreform und kompletten Ungültigerklärung der alten Währung erwachte die Wirtschaft wieder – wie schon nach dem Zweiten Weltkrieg.

»Daß der Bankmann dem Darlehensnehmer den Geldschrank vor der Nase zuschlägt, wenn dieser keine Zinsen zahlen will, und nichts von den Sorgen kennt, die die Besitzer der Waren drücken, das verdankt er nur der Übermacht, die das Geld an und für sich über die Ware hat – und da liegt der wunde Punkt.«

Henry Ford, 1862–1947

Warum unser Geldsystem nur immer wenige Jahrzehnte funktionieren kann

Nun stellt sich natürlich die Frage, warum unser Geldsystem immer wieder zusammenbrechen muß.

Da dies bereits ausführlich in meinem Buch *Börsenkrach und Weltwirtschaftskrise* dargestellt wurde, folgt hier nur eine kurze Zusammenfassung des Grundfehlers unseres Geldsystems.

Um die Krisenursachen zu klären, stellen Sie sich bitte eine einfache Wirtschaft auf einer Insel mit 100 Menschen vor. Angenommen, zu Beginn der wirtschaftlichen Aktivitäten hätte jeder Bewohner zehn Insel-Taler, mit denen er bei seinen Mitbewohnern Produkte und Dienstleistungen nachfragen kann. Das alles läuft so lange gut, wie jeder Bewohner seine Taler auch wieder ausgibt und damit immer genug Geld für den Warentausch in Umlauf ist. Probleme gibt es dann, wenn jemand die Taler nicht mehr vollständig ausgibt, sondern »spart« bzw. hortet. Da Geld das universelle Zahlungsmittel ist und nur, wenn ein Gut verkauft und damit in Geld verwandelt wird, überhaupt in andere Güter eingetauscht werden kann, hat dies fatale Folgen: Durch immer weniger Geldmittel, die sich im Umlauf befinden, kommt es zu Absatzproblemen bei den Produzenten. Da die Geldmenge schwindet, können die Menschen immer weniger einkaufen, die Kaufkraft geht zurück. Da der Geldhorter die Finanzmittel nicht sofort braucht und entdeckt, daß er damit ein von allen dringend benötigtes Gut in der Hand hat, wird er nur wenig motiviert sein, seinen Joker ohne »Belohnung« je wieder aus der Hand zu geben. Er wird also von Bedürftigen, die Geldmittel brauchen, mehr zurückfordern, als er ausgeliehen hat. Dieser Mehrbetrag wird dann »Zins« genannt. Wenn wir annehmen, daß der Geldhorter von den 1000 Insel-Talern 100 angespart hat und diese 100 Taler nur gegen zehn Prozent Zins wieder herausgibt, dann bedeutet das folgendes: Nach einem Jahr müssen die Schuldner 110 Taler zurückzahlen. Da sie diese Summe jedoch auch nach einem Jahr nicht haben, weil ein allgemeiner Geldmangel auf der Insel herrscht, lassen sie beim Gläubiger »anschreiben«. Nach einem weiteren Jahr werden dann nicht nur auf die 100 Taler zehn Prozent Zins fällig, sondern auch auf die zehn Taler vom letzten Jahr, der Zinseszins also. Insgesamt schulden die Kreditnehmer dem Gläubiger nunmehr 111 Taler – die wieder angeschrieben und verzinst werden.

Was glauben Sie, wie lange wird es dauern, bis dem Gläubiger die gesamten Geldmittel der Insel gehören?

Es sind nur etwa 24 Jahre. Dabei verdoppeln sich das Vermögen des Gläubigers und damit gleichzeitig die Verpflichtungen der Schuldner alle sieben Jahre. Was auch zu denken gibt: Von Anfang bis Ende gibt es real nur 1000 Insel-Taler – die gesamten Zinsen fallen ausschließlich als fiktive Buchvermögen an. Nach 24 Jahren gibt es also 1000 Taler Bargeld und 1000 Ansprüche auf die realen Münzen oder Scheine.

Anhand dieses einfachen Beispiels wird deutlich, daß ein Zinssystem schon innerhalb kurzer Zeit eine Wirtschaft durcheinanderbringen wird. Die Folgen zeigen sich in einer automatisch sich entwickelnden Überschuldung aller Wirtschaftsteilnehmer – und tatsächlich ist eine solche Entwicklung auch heute wieder zu beobachten (Abb. 1).

Wie der umseitig abgebildeten Grafik zu entnehmen ist, entwickeln sich die Wertschöpfung und die Schulden immer weiter auseinander. Solch eine Entwicklung ist übrigens in jedem Land der Welt festzustellen. In manchen Nationen verschuldet sich zwar der Staat weniger, dafür jedoch die Unternehmen mehr – am Problem der mathematisch durch Zinseszins wachsenden Gesamtverschuldung

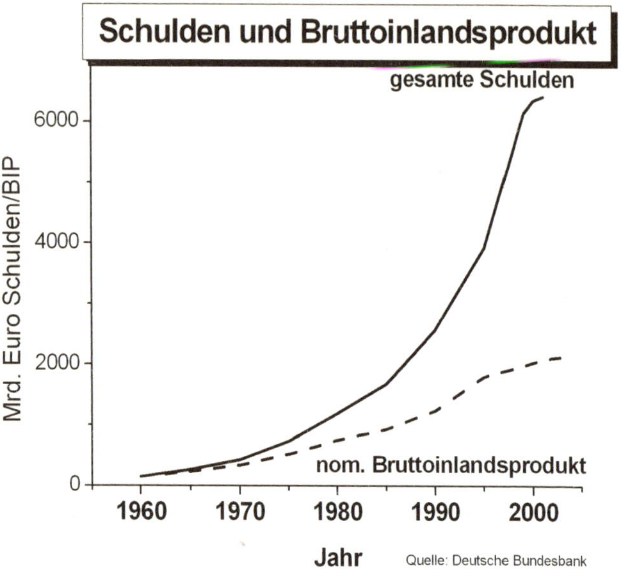

Abb. 1: Gesamtverschuldung und Bruttoinlandsprodukt in Deutschland

(Verschuldung von Staat, Wirtschaft und privaten Haushalten zusammen) ändert sich rein gar nichts. Heute wachsen die Schulden in Deutschland fast viermal schneller als das Bruttoinlandsprodukt!

Zu beachten ist dabei, daß es sich nicht um die Folge von »verschwenderischen Politikern« oder »konsumsüchtigen Leuten« handelt, sondern die Entwicklung rein mathematisch, zwangsläufig vor sich geht.

Mit dem Verschuldungszwang zum Staatsbankrott

Es gibt dabei einen *Verschuldungszwang*: Alles Geld, das irgendwie investiert oder angelegt ist, wird nur dann weiter zur Verfügung gestellt, wenn es eine für den Gläubiger einträgliche Rendite gibt. Dies ist am Anfang eines Finanzsystems, beispielsweise nach einem

Krieg, noch einfach zu bewerkstelligen, da ein hohes Investitionspotential durch den Wiederaufbau besteht. Je schneller sich nun die Wirtschaft entwickelt, um so mehr ist der Markt gesättigt, und die Rendite sinkt durch zurückgehende Kreditaufnahme. Sobald jedoch der Zinssatz zu gering für den Gläubiger wird, kündigt dieser seine Investitionen auf und geht mit dem Kapital in »Wartestellung«. Während die Wirtschaft dringend auf sein Geld angewiesen ist, kann er es sich leisten, mit dem Kapital auf »bessere Zeiten« zu warten. Wenn dies im großen Stil geschieht, gerät die Wirtschaft wegen Geldmangels in die Krise. Das kann nur verhindert werden, wenn die Kreditaufnahme gesteigert und damit die Kapitalverzinsung wieder erhöht wird.

In der Vergangenheit hat deshalb der Staat in wirtschaftlich schwachen Zeiten immer wieder hohe Schulden aufgenommen und sogenannte »Konjunkturprogramme« gestartet. Damit konnte die Wirtschaft dann vorübergehend in Gang gebracht werden – bis zur nächsten Krise. Daß ein solches Vorgehen zwar die Krise in die Zukunft verschiebt, jedoch die Probleme keinesfalls löst, sollte klar sein. Die Folge ist dann eine Überschuldung des Staates, wie wir sie heute erleben (Abb. 2).

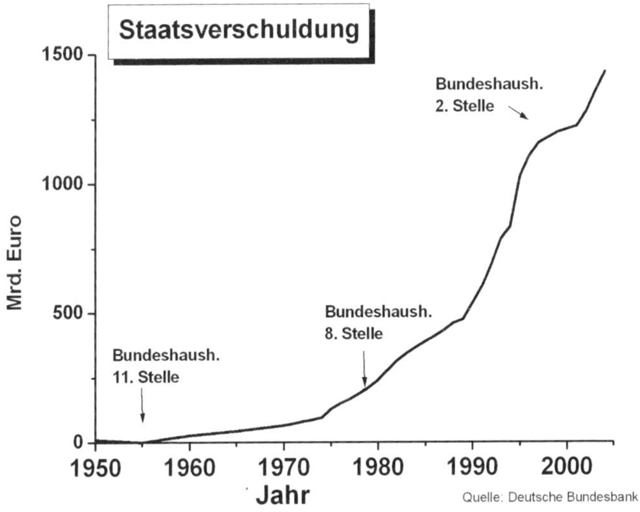

Abb. 2: Verschuldung des deutschen Staates

Deutlich ersichtlich ist anhand der Grafik, daß sich das Problem nach der Währungsreform 1948 und damit dem Beginn unseres Systems anfangs erst schleichend bemerkbar machte, später jedoch regelrecht explodierte. Vergleicht man den Stellenwert, den die Ausgaben für die Schulden im Haushalt des Bundes einnahmen, so befanden sich diese 1950 gerade einmal an elfter Stelle, 1974 bereits an achter Stelle – aber seit 1995 sind sie an die zweite Stelle vorgerückt. Genauso wird hierdurch ein immer größerer Anteil des Staatshaushaltes für die Zinszahlung absorbiert. Mußten 1950 gerade einmal 1,7 Prozent des Haushaltes für die Bundesverschuldung aufgewandt werden, waren es 1974 schon 3,7 Prozent, und 1995 wurden bereits 18,4 Prozent des Etats für Zins und Tilgung verbraucht.[1] Heute sind die Zinszahlungen für die gewaltige Verschuldung der größte Einzeletatposten im Bundeshaushalt.

Wie schnell klar wird, handelt es sich hier um ein Problem, das mit zunehmendem Zeitablauf immer schneller größer wird. Wie dramatisch die Lage ist, zeigt die Tatsache, daß es seit Bestehen der Bundesrepublik Deutschland etwa alle sechs Jahre zu einer Verdopplung der Zinslasten im Staatshaushalt kam. Dabei spielte es keine Rolle, welche Partei gerade die Regierung bildete oder welche Konjunkturphase durchlaufen wurde. Auch die durchschnittliche Inflation von drei Prozent führte nicht zu einer entspannten Entwicklung. Das reale (inflationsbereinigte) Wachstum der Staatsverschuldung betrug immer noch acht Prozent pro Jahr. Trotz aller Spar-Appelle der zurückliegenden zehn Jahre hat sich damit die Verschuldung der öffentlichen Haushalte nicht nur weiter, sondern in immer schnellerem Maße aufgebläht. Sämtliche Sparbemühungen können deshalb als gescheitert betrachtet werden.

Wie dramatisch allein die Staatsverschuldung ist, wird deutlich, wenn man sich die Zahlen inflationsbereinigt ansieht (Abb. 3).

Deutlich erkennbar ist, daß wir real (also ohne Inflation) bereits den Schuldenstand vor der letzten Währungsreform 1948 durchbrochen haben. Für den Staat ist diese Schuldenlast jedoch nur ein Teil des Problems. So wurden beispielsweise für die vielen Beamten keine ausreichenden Pensionsrücklagen gebildet. Je mehr Staatsdiener in Pension gehen, umso mehr wird damit der Staatshaushalt belastet. Experten sprechen bereits davon, daß die Verschuldung der

Abb. 3: Inflationsbereinigte Verschuldung der Öffentlichen Hand in Deutschland

Öffentlichen Hand damit dreimal größer sei, als dies offiziell ausgewiesen wird.

Wie wir jedoch in der Betrachtung oben feststellen konnten, ist die Staatsverschuldung nur ein Teil des Gesamtproblems. Die Unternehmen und privaten Haushalte sind zunehmend ebenso verschuldet. Unsere ganze Volkswirtschaft wird damit immer mehr regelrecht von den Zinslasten erdrückt.

Was jedoch auch klar sein sollte: Ohne diese ganze Staatsverschuldung und die daraus folgenden Konjunkturprogramme hätte es eine Wirtschaftskrise schon viel früher gegeben. Bereits vor 30 Jahren hätten wir eine schlimme Depression, ähnlich der großen Weltwirtschaftskrise der 1930er Jahre, durchgemacht. In der damaligen instabilen politischen Lage hätte dies schnell in einem Weltkrieg geendet. Dann wäre die Entwicklung damals ähnlich der in den 1930ern verlaufen: Aufschwung – Krise – Krieg.

Wie dieses System immer wieder in die Krise führte, zeigt folgende Grafik (Abb. 4).

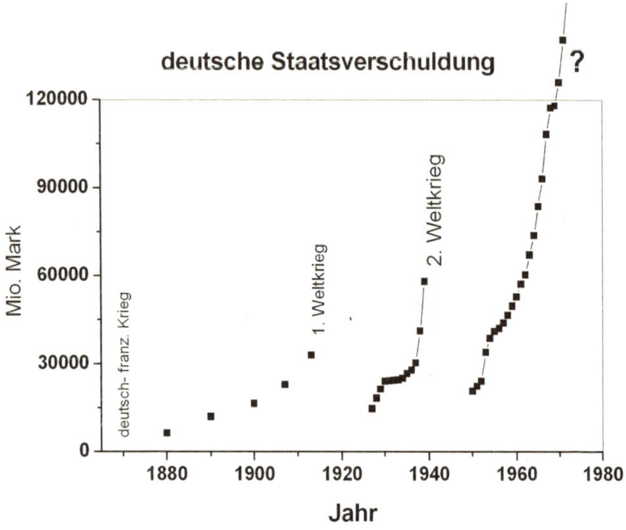

Abb. 4: Verschuldung und Krise in Deutschland

Daß diese systembedingten Faktoren immer wieder zu einer Währungszerrüttung führen müssen, überrascht nach diesen Fakten wenig. Auch die Geschichte der vergangenen knapp 200 Jahre beweist, daß es ständig zu Krisen, Kriegen und Währungsreformen kam.

»Es gibt zwei Weltgeschichten: Die eine ist offiziell und verlogen, für den Schulunterricht bestimmt; die andere ist die geheime Geschichte, welche die wahren Ursachen und Ereignisse birgt.«
Honore de Balzac

Die zehn Fehler unserer Währungsgeschichte und was wir daraus lernen können

Wenn von Währungsreformen die Rede ist, dann besitzen die meisten Menschen nur eine sehr diffuse Ahnung davon, wie so etwas ablaufen kann. Viele haben noch etwas über die Währungsreform des Jahres 1923 von den Großeltern erfahren. Deshalb herrscht die Meinung vor, daß der Staat einfach hergehen und in beliebiger Menge Geld drucken und in Umlauf bringen könnte. Andere befürchten gar, ein Finanzcrash könnte über Nacht dazu führen, daß am nächsten Tag kein Bargeld mehr akzeptiert werden würde. Nur die wenigsten haben erkannt, daß es verschiedene Arten von Währungsreformen gibt, wobei der angerichtete Schaden ebenfalls unterschiedlich ausfällt.

Welche Arten von Währungsreformen gibt es?

- Währungsreform nach einer Währungszerrüttung. Dies tritt meist nach einem verlorenen Krieg und hohen Reparationsleistungen wie in den Jahren 1923 und 1948 auf.
- Die Währungsstockung, die zwar nicht unmittelbar zu einer allgemeinen Währungsreform führt, jedoch durch den Rückgang von Zahlungsmitteln zu einem Verlust der Tausch-Geldfunktion führt. Häufig kommt es dann zur Einführung von Ersatzzahlungsmitteln oder zum Aufkommen eines Tauschhandels wie in der Weltwirtschaftskrise der 1930er Jahre.

– Währungsänderung, wie sie die Einführung des Euros darstellte. Hier wird zwar das Geld nicht direkt entwertet, jedoch sind die Verwerfungen, die sich durch die Übernahme einer neuen Währung ergeben, zum Teil erheblich.

Zu beachten ist: Der Begriff »Währungsreform« hört sich positiv an. Eine »Reform« bedeutet immer eine Verbesserung des gegenwärtigen Zustandes. Doch was hatten wir in der Vergangenheit tatsächlich?

Es wurde stets nur ein falsches, totgelaufenes System durch die gleiche falsche Ordnung ersetzt. Es wurden nur Geldscheine ausgetauscht oder Nullen bei der Währung gestrichen, während die Fehler, die zu der Krise geführt hatten, zu keiner Zeit eliminiert wurden, sondern nach wie vor weiterbestehen. Der Zustand ist der gleiche, wie wenn jemand seine Zahnprobleme damit zu lösen versuchte, daß er alle löchrigen Zähne ziehen läßt. Da jedoch die Ursache des Problems, nämlich die schlechte Ernährung und die mangelnde Zahnhygiene, weiterbesteht, ist es nur eine Frage der Zeit, bis der nächste Zahn Schmerzen bereitet und die Behandlung von vorn beginnt. Eine richtige Reform bedeutet, daß aus den Fehlern der Vergangenheit gelernt wird und wirkliche Verbesserungen im Währungssystem stattfinden.

Doch keine der angeblichen »Reformen« in der Vergangenheit hat je zu einer dauerhaft stabilen Wirtschaft geführt: Die Währungsreform nach 1923 führte zum Goldstandard und damit zur Deflationskrise der 1930er Jahre. Im Zweiten Weltkrieg wurde dann zur Finanzierung der Rüstungsindustrie eine zuerst verdeckte Inflation erzeugt, die nach Kriegsende in einer Währungszerrüttung endete. Die Probleme mit der D-Mark waren – wie wir heute sehen – wieder dieselben, obwohl sich die Mißstände langfristiger entwickelten als bei den vorherigen Geldsystemen: zuerst Wirtschaftsaufschwung mit schnell steigender Verschuldung, dann nicht mehr bezahlbare Zinslasten und immer weitere Kredite und schließlich Wirtschaftsrückgang mit steigender Arbeitslosigkeit. Auch die »Währungsreform« mit dem Euro änderte an dem Desaster gar nichts. Im Gegenteil, es wurden zusätzliche Instabilitäten geschaffen, da die Wechselkurs-Puffer abgeschafft wurden.

Es gab also bisher überhaupt keine einzige wirkliche Währungsreform, die diesen Namen verdient hätte. Es gab nur Währungszerrüttungen und Währungsschnitte, die wieder im gleichen falschen Geldsystem endeten. Um das näher zu beleuchten, ist es unabdingbar, sich die Geschichte der Währungskrisen anzusehen und zu schauen, wohin sich das Finanzsystem bis in die heutige Zeit entwickelt hat. Dabei wird deutlich, daß weder die Wirtschaftswissenschaftler noch die Entscheidungsträger irgend etwas aus der Geschichte gelernt haben. Die gleichen Fehler werden immer wieder begangen, und die Auswirkungen der Krisen werden nicht etwa kleiner, sondern bedrohlich größer und unbeherrschbarer. Es greift viel zu kurz, anzunehmen – wie die Masse der Menschen das tut –, aus heiterem Himmel würden plötzlich eine Hyperinflation und eine Währungsreform kommen – die Vorgänge sind wesentlich komplexer. Erst nachdem man die grundlegenden, sich immer wiederholenden Fehler der zurückliegenden 200 Jahre erkannt hat, lassen sich Schlußfolgerungen daraus ziehen und Prognosen darüber abgeben, was uns in Zukunft erwarten könnte.

Überblick: Die Geldpolitik der vergangenen 200 Jahre – eine Abfolge von Krisen und Kriegen

Die Währungspolitik der zurückliegenden knapp 200 Jahre war eine einzige Abfolge von Krisen und Kriegen. Dabei wurden die gleichen Fehler immer wieder neu begangen. Durch Anbindung der Währung an das Gold kam es zu Deflationskrisen, im Krieg wurde auf Papierwährung umgestellt, um danach gleich wieder eine Goldwährung zu etablieren. Wie man sieht, betrieb man also einen ständigen Wechsel von Goldwährung und Papierwährung – verbunden mit Deflation und Inflation. Übrigens: Die Festbindung von Währungen oder die Einführung von Gemeinschaftswährungen sind dabei durchaus mit einem Goldstandard vergleichbar und führen ebenso zu ständigen Spannungen und Krisen.

Beginnen wir mit einem tabellarischer Überblick:

1819	Goldstandard und Krise	England führt unter dem Druck der Aristokratie und der Geldverleiher den Goldstandard ein. Eine Verarmung der Bevölkerung ist die Folge.
1873	Krieg	Deutsch-französischer Krieg
1873	Goldstandard und Krise	Schwere Wirtschaftskrise, Zusammenbruch einer Aktienspekulationsblase. Einführung des Goldstandards 1872 in Österreich, 1873 in Deutschland, 1879 in Amerika und 1897 in Rußland. Die Folgen: Reichtum für wenige, ärmliche Verhältnisse für die meisten, steigende Kriminalität, schnell zunehmende Staatsverschuldung, immer mehr Spekulation.
1907/08	Krise	
1912/14		Wirtschaftskrisen
1914–18	Krieg	Erster Weltkrieg, Auflösung des Goldstandards im Juli 1914 in Deutschland, um die Kriegskosten zu finanzieren. 1916 Goldsammelaktion »Gold gab ich für Eisen«.
1921	Krise	Reparationszahlungen aus dem Versailler Vertrag im Wert von 132 Milliarden Goldmark werden erstmals eingefordert. Der Schuldendienst Deutschlands steigt auf 126 Prozent der Staatseinnahmen, die Verschuldung nimmt drastisch zu.
1923	Inflation und Währungsreform	Belgische und französische Truppen besetzen das Rheinland. Der deutsche Generalstreik dort wird mit neu gedrucktem Geld finanziert. Eine Hyperinflation entsteht. Im November 1923 wird die Rentenbank gegründet und die Rentenmark ausgegeben. Die Währung stabilisiert sich damit wieder.

1924/26	Goldstandard	Deutschland führt wieder den Goldstandard ein. Der Goldstandard ist in den allermeisten Staaten wiederhergestellt.
1926–29	Krisen	Scheinblüte, immer tiefere Aktienspekulation, die ganze Welt wird von den USA als Investor und Handelspartner abhängig. Gold konzentriert sich in den USA, Goldmangel in den anderen Ländern.
1929–33		1929 – großer Börsenkrach in den USA, danach scharfer Einbruch der Wirtschaft; Weltwirtschaftskrise beginnt. Krise breitet sich über den Goldstandard von den USA weltweit aus. 1931/32 – die Wära in Deutschland und das »Tauschgeld« in Wörgl, Tirol, werden gegründet; schnelle Verbesserung der lokalen Wirtschaftsbedingungen, Verbot der Projekte nach einem Jahr durch die Notenbanken. Bereits 22 Länder haben 1933 den Goldstandard wieder aufgehoben, damit erholt sich die Wirtschaft in diesen Staaten zum Teil innerhalb kurzer Zeit. 1933 – Gesetz in den USA zum Verbot des privaten Goldbesitzes.
1939–45	Krieg	Beginn des Zweiten Weltkrieges, Ende der Weltwirtschaftskrise in den USA. Zweiter Weltkrieg, Inflationierung der deutschen Währung, nach dem Krieg wird die Reichsmark kaum noch akzeptiert.
1944–47	Goldstandard und Krise	1944 – die Nachkriegsfinanzordnung wird in dem amerikanischen Ort Bretton Woods beschlossen. Dabei sollte der Dollar an das Gold gekoppelt werden und alle anderen Währungen an den Dollar. Im gleichen Jahr Gründung des IWF.

1945		Kriegsende in Deutschland, Abwurf von zwei Atombomben in Japan durch die USA. Nach Recherchen von Kritikern werden dabei riesige Goldvorräte für das Bretton-Woods-System erbeutet.
1947	Krise	England setzt das Bretton-Woods-Abkommen um und verliert zwei Drittel seiner Währungsreserven bei dem Versuch, den Wechselkurs stabil zu halten. Nach nur sechs Wochen wird der Versuch fester Kurse zum Dollar bereits wieder aufgegeben.
1948	Währungsreform	Währungsreform in Deutschland, Einführung der D-Mark. Alte Reichsmark konnte bar zu höheren Kursen in D-Mark eingetauscht werden als Buchgeld. Immobilienbesitzer werden mit einem »Lastenausgleich« belastet.
1959	Goldbindung durch Bretton Woods	Erst 1959 wurde das Bretton-Woods-System in Kraft gesetzt. Es kam sofort danach zu Handelsbilanz-Ungleichgewichten.
1964	Krisen	Die Menge an US-Dollar-Reserven ist bereits doppelt so hoch wie die Goldreserven des US-Finanzministeriums. Inflationäre Politik der USA, um den Vietnam-Krieg zu finanzieren.
1967		Zunehmende Spekulationen gegen das britische Pfund. Abwertung des Pfundes und Druck auf den Dollar.
1971		Massive Spekulationswellen gegen den US-Dollar; bei erfolglosen Interventionen verliert die Deutsche Bundesbank fünf Milliarden D-Mark. Ein englisch-französischer Plan wird bekannt, daß diese Länder Dollar in Gold wechseln wollen. Die USA kündigen daraufhin die Goldeinlösepflicht auf.

1973	Ende der Goldbindung	Endgültiges Ende des Bretton-Woods-Systems, Abwertung des Dollars um zehn Prozent und Einführung flexibler Wechselkurse. Anstieg des Goldpreises von 35 Dollar pro Unze auf 200 Dollar je Unze.
1973	Währungsfestbindung	Gründung der Europäischen Währungsschlange mit festen Wechselkursen innerhalb Europas.
1974	Krisen	Erste Ölkrise und aufkommende Inflation
1976		Scheitern der Europäischen Währungsschlange
1978		Zweite Ölkrise mit Inflation. Privatpersonen dürfen in den USA wieder Gold erwerben. Das Europäische Währungssystem mit festen Wechselkursen und der Kunstwährung »ECU« entsteht.
1979		Beginn der Goldspekulation, bei der Gold 1980 bis auf über 800 Dollar pro Unze steigt. Danach sehr schneller Verfall des Goldpreises, was viele Spekulanten ruiniert.
1981		Ronald Reagan wird neuer US-Präsident. Die Regierungsausgaben verdoppeln sich fast zwischen 1981 und 1989. Die Einnahmen des Staates fallen, die Ausgaben steigen, die USA werden von einem Nettogläubiger zu einem Nettoschuldnerland. Starke Schwankungen des US-Dollars in den 1980er Jahren.
1982		Erste Mexiko-Krise durch Überschuldung und allgemeine Schuldenkrise.
1987	Währungsfestbindung	Mexiko koppelt den Peso fest an den US-Dollar, wodurch sich ein Handelsbilanzdefizit entwickelt.

1989	Krise	Platzen der japanischen Aktien- und Immobilienblase, die durch künstlich festgelegte Wechselkurse zum Dollar ausgelöst wurde. Folge: Japan rutscht in eine Rezession, unzählige erfolglose Konjunkturprogramme führen zu einer Überschuldung des Landes.
1990	Einheitswährung und Krise	Deutsche Einheit und Einführung der D-Mark in der ehemaligen DDR zum unrealistischen Kurs von 1:1 bzw. 1:2. Eine massive Staatsverschuldung und Deindustrialisierung mit hoher Arbeitslosigkeit in den Neuen Bundesländern ist die Folge.
1992	Krisen	Nach unzähligen Anpassungsversuchen im Europäischen Währungssystem (EWS) müssen nach einer Attacke von Spekulanten gegen das britische Pfund und die italienische Lira die Wechselkurse faktisch freigegeben werden. Allein England intervenierte dabei erfolglos mit 50 Milliarden Dollar. In Maastricht wird im gleichen Jahr der Vertrag über die Europäische Union geschlossen. In der Folge kam es später zur Einführung des Euros.
1994/95		Zweite Mexiko-Krise durch spekulative Attacken auf den an den Dollar gekoppelten Peso. Nur durch einen Kredit des IWF in Rekordhöhe kann ein Bankrott des Landes verhindert werden.
1997		Asien-Krise durch spekulative Attacken auf die an den US-Dollar gekoppelten Währungen. Der ganze südostasiatische Raum gerät in eine tiefe Krise. In der Folge kommt auch Brasilien unter Druck und gerät ebenfalls wegen der festgelegten Wechselkurse in eine Währungskrise.

1998		Rußland gerät ebenfalls durch die an den Dollar gekoppelte Währung in eine Krise und muß seine Zahlungsunfähigkeit erklären. Dadurch kommt der spekulative amerikanische LTCM-Fonds in Schwierigkeiten. Die »Kernschmelze des Finanzsystems« droht durch Zahlungsausfälle bei Großbanken.
1999	Einheitswährung	Der Euro wird als Verrechnungseinheit in Europa festgelegt. Innerhalb kurzer Zeit bauen sich Handelsbilanz-Ungleichgewichte auf.
2001	Krise	Argentinien gerät durch die an den US-Dollar gebundene Währung ebenfalls unter Druck. Die Banken werden geschlossen und die Ersparnisse auf einen langen Zeitraum hin eingefroren. Ende 2001 erklärt das Land seine Zahlungsunfähigkeit, und der argentinische Peso verfällt im Kurs.
2002	Einheitswährung	Der Euro wird alleiniges Zahlungsmittel in Europa.
2004	Krisen	Osterweiterung der EU. Die neuen Beitrittsländer weisen durch die Anbindung der Währung an den Euro massive Handelsbilanzdefizite auf. Die EU wird immer instabiler und mit enormen Kosten belastet.
2005		In den meisten Staaten der Welt entwickeln sich immer größere Aktien-, Anleihen- und Immobilienblasen, die Handelsbilanz-Ungleichgewichte insbesondere mit den USA nehmen zunehmend drastische Formen an. In Frankreich äußern sich die ersten sozialen Spannungen in wachsenden Straßenkämpfen.

20xx	Krise?	Dollar fällt ins bodenlose? Ölkrise? Euro zerfällt? Weltwirtschaftskrise? Deflationskrise durch Platzen der Aktien-, Anleihen-, Derivate- und Immobilienblase? Weitgehende Verarmung der Bevölkerung?
20xx	Goldbindung?	Neuer Goldstandard wird beschlossen?
20xx	Krieg?	Dritter Weltkrieg?

Nachfolgend nun die Beschreibung unserer Krisen-Geschichte. Am Ende folgt jeweils eine Zusammenfassung mit Erläuterung der Bedeutung dieser Geschehnisse für die heutige Zeit und was der Anleger hier zu erwarten hätte.

»Da die Klasse der Kapital- und Landbesitzer im Vergleich zu den Bauern und Arbeitern besonders einflußreich war, führte Großbritannien den Goldstandard offiziell im Peel's Act von 1819 nach dem Ende des Napoleonischen Kriegs wieder ein. Die Arbeiter, Bauern und Schuldner, die von dem sogenannten weichen Geld, dem Silberstandard, profitiert hätten und in dieser Zeit die wohl größte wirtschaftliche Not litten, konnten kaum auf die Politik Einfluß nehmen, da das Wahlrecht zumeist auf Männer mit einem Mindestvermögen beschränkt war.«

Stormy Mildner,
Deutsche Gesellschaft für Auswärtige Politik e. V.

Fehler Nr. 1 – Der erste Goldstandard

Geschichtlicher Verlauf 1819 bis 1914

Heute kommt zunehmend wieder eine neue Goldwährung ins Gespräch. Deshalb ist es nützlich, sich gerade die Zeit der Edelmetallwährung einmal näher anzusehen. Es wird dabei deutlich, daß diese keineswegs stabil war, sondern von ständigen Problemen und Krisen begleitet wurde. Weiterhin werden wir sehen, daß eine Goldwährung die schlechteste Form eines Geldsystems darstellt und von sich aus immer wieder in eine Krise geraten muß, die nicht selten im Krieg endet.

Die Währungsgeschichte im 19. Jahrhundert beginnt mit einem Machtakt: 1819 wurde in England unter dem Druck der Aristokratie und der Geldverleiher eine Goldwährung durchgesetzt. Ziel der Machthaber war es, mit der Goldwährung die Preise zu drücken, um den eigenen Reichtum damit zu mehren. Die normale Bevölkerung kam dadurch in große Not und konnte dennoch keinen politischen Einfluß darauf nehmen, da das Wahlrecht an ein hohes Mindesteinkommen geknüpft war.

Die Zeit vor 1873 war währungspolitisch im übrigen Europa durch Edelmetallwährungen geprägt. Während jedoch zum Beispiel England, wie beschrieben, einen reinen Goldstandard (100 Prozent Golddeckung des Geldes) hatte, besaßen andere Staaten wie etwa Frankreich eine Bimetallwährung mit Gold und Silber. Dies bedeutete, daß sowohl Gold- als auch Silbermünzen in Umlauf waren. Wiederum andere Nationen wie die Deutschen Staaten oder Rußland hatten eine reine Silberwährung. Mit diesen unterschiedlichen Metallwährungen waren jedoch einige Probleme verbunden: Da die Wertentwicklung von Gold und Silber auf dem Weltmarkt je nach Fördermengen unterschiedlich war, wurde einmal die eine, dann wieder die andere Münzart für Spekulationen benutzt. Steigt der Goldpreis auf den Weltmärkten schneller als der Preis für Silber, ergibt sich ein Anreiz für Spekulationsgeschäfte: Der Spekulant kauft dann im Inland Gold, das er auf dem Weltmarkt gegen Silber eintauscht. Da Gold auf dem Weltmarkt mehr wert ist als im Inland, erhält er mehr Silber, als er vorher für das Gold bezahlt hat. Es kommt zum Export von Gold und Import von Silber und damit zu einer schwankenden, unkalkulierbaren Geldmenge. Das gleiche passierte, als der Wert des Silbers zum Gold stieg: So führten Goldfunde 1848 in Kalifornien und 1851 in Australien zu einer Verzehnfachung der Goldförderung. Folge davon war, daß Silber im Verhältnis zum Gold wertvoller wurde und beispielsweise Frankreich mit seiner Bimetallwährung (Gold- und Silbermünzen in Umlauf) immer mehr Silberwährung einbüßte und Gold importiert wurde. Als später die Silberförderung wieder anstieg, kehrte sich der Vorgang um. Diese Instabilitäten wirkten sich sowohl auf die Innen- als auch auf die Außenwirtschaft der Länder sehr negativ aus und führten zu einer immer größeren Not der Bevölkerung. Hinzu kam, daß die einzelnen Länder unterschiedliche Feingehalte in ihren Münzen besaßen: So hatte Italien Silbermünzen mit einem Feingehalt von 836, während dieser z. B. in Frankreich 900 betrug. Das führte dazu, daß die Bevölkerung in Frankreich dazu überging, »minderwertigere« italienische Münzen für den Zahlungsverkehr zu nutzen und die »höherwertigen« französischen Münzen zu horten. Eine schwankende, unkontrollierbare Geldmenge war schließlich die Folge.

Eine wichtige Grundlage dafür ist auch im sogenannten »Greshamschen Gesetz« wiedergegeben. Dieses besagt, daß die minderwertige Währung immer die hochwertigere aus dem Markt verdrängt. Die Menschen sind dabei immer bestrebt, die höherwertige Währung zu horten und die minderwertigere für Zahlungen zu verwenden. Niemand möchte am Ende auf der weniger wertvollen Währung sitzenbleiben, sondern gibt diese so schnell als möglich wieder aus. Wenn er dann einmal ein höherwertigeres Münzstück erhält, wird er erst alle minderwertigeren Stücke ausgeben, bevor er dieses für Käufe nutzt. Jeder Mensch wird aus Eigennutz immer zuerst das »wertlosere« Geld (beispielsweise Eisenmünzen) ausgeben, bevor er das »wertvollere« Geld (zum Beispiel Gold) für Käufe verwenden würde.

Dieses Gesetz kommt auch bei Währungen mit Gold- und Silbermünzen zum Tragen: Je nachdem, was im Wert schneller steigt – Gold oder Silber –, wird einmal das eine, dann wieder das andere Geld mehr für Käufe benutzt. Resultat ist dabei immer eine instabile Wirtschaft mit unkontrolliertem Geldumlauf.

Erst die »Lateinische Münzkonvention« im Jahr 1865, die den Feingehalt aller betroffenen Länder auf 835 festlegte, brachte eine Beruhigung. Jedoch wurde die Silberwährung nach dem deutsch-französischen Krieg und dem Aussetzen der Konvertibilität der einzelnen Währungen immer mehr zugunsten einer Goldwährung aufgegeben. Nicht zuletzt die größere Macht Englands mit seinem Goldstandard drängte zu dieser Entwicklung. 1870 wurde dann für die Länder der Lateinischen Münzunion beschlossen, die Prägung von Silbermünzen einzustellen. Deutschland übernahm den Goldstandard offiziell im Jahr 1873. Während jedoch in England ein 100-prozentiger Goldstandard galt (alle Banknoten konnten zu 100 Prozent in Gold eingetauscht werden), herrschte in Deutschland und Frankreich nur eine teilweise Goldeinlösungspflicht. Beide Länder versuchten, den Goldfluß zu kontrollieren, indem zum Beispiel zinsfreie Kredite an Goldimporteure vergeben oder die Exportkosten für Gold erhöht wurden. Dem Goldstandard schlossen sich schnell weitere Länder an: 1872 Österreich, 1879 die USA und 1897 Rußland. Durch die immer mehr zunehmende Dominanz Englands wurde das britische Pfund zur verbreitetsten Handelswährung. Vor dem Ersten Weltkrieg wurden nahezu 40 Prozent der Devisenreserven in Pfund Sterling gehalten. Der durch England dominierte Goldstandard funktionierte jedoch nie reibungslos. Er war durch Krisen und Instabilität gekennzeichnet, was sich insbesondere bei den am Rande beteiligten Ländern auswirkte. Häufig wird behauptet, der Goldstandard hätte funktioniert und nur der Erste Weltkrieg hätte dem ein Ende gesetzt. Dabei ist festzustellen, daß Ende des 19. Jahrhunderts immer weniger Goldfunde gemacht wurden und die Goldbestände nicht mehr ausreichten, eine expandierende Weltwirtschaft zu versorgen. Beachtet werden sollte auch, daß in England als erstem Land mit einem absoluten Goldstandard keineswegs eine funktionierende Wirtschaft im Vordergrund der Währungspolitik stand: Die englischen Aristokraten hatten eine große Macht gegenüber der breiten Bevölkerungsmehrheit und nutzten diese, um eine Goldwährung einzuführen. Ziel war es, ein sinkendes Preisniveau (Deflation) zu erzeugen, um selbst daran zu profitieren – zum Schaden des Volkes. Die breite Bevölkerungsmehrheit lehnte die Goldwährung ab, da sie dafür mit sinkenden Löhnen und in der Folge mit Not und Armut bestraft wurde![2]

Mit der Einführung einer Goldwährung war auch die schwere Wirtschaftskrise von 1873 verbunden.

Die Wirtschaftskrise 1873

In der sogenannten Gründerzeit um 1870 entstanden zunehmend Unternehmen durch massive Verschuldung, die dann in Aktiengesellschaften umgewandelt wurden. Die Betriebe waren dabei völlig überbewertet, was daran deutlich wurde, daß der Aktienwert oftmals das Doppelte oder Dreifache des realen Firmenwertes betrug. Zum guten Teil wurde dabei die Gier des Menschen nach Reichtum von cleveren Geschäftemachern geschickt ausgenutzt, um kritisches Denken auszuschalten. Täglich beschrieben die Zeitungen, wie einfach jemand durch die Börse reich werden könne. Die Vorgehensweise für solche Betrügereien war immer gleich und bestand darin, daß ein Betrieb aufgekauft und in eine Aktiengesellschaft umgewandelt wurde, wobei das Aktienkapital oft doppelt oder dreifach so hoch war wie der wirkliche Wert des Unternehmens. Auch die Medien heizten die Entwicklung der Aktien an, indem einseitig Zeitungsberichte über angebliche riesige Börsengewinne publiziert wurden. Gleichzeitig forderte eine massive Werbung zur Investition an der Börse auf. Diese Meinungsbildung war erfolgreich, und immer mehr Menschen wollten durch Aktien und ohne Arbeit reich werden. Kaum jemand registrierte, daß die Zeitungen an der Entwicklung verdienten, da so die Anzahl neuer Inserate anstieg. Deshalb konnte es sich in dieser Phase kaum jemand erlauben, kritische Gedanken zu äußern, ohne von der Presse zerrissen zu werden. Auch offener Betrug war gang und gäbe: So wurden die Aktien zu einem bestimmten Tag in einigen Bankhäusern zum Kauf aufgelegt, und nur wer sofort zugriff, bekam die Papiere noch zum Ausgabepreis. Um die Anleger anzulocken, wurden bezahlte Personen damit beauftragt, ein reges Gedränge vor der Ausgabestelle vorzutäuschen. Gleichzeitig brachte die Presse Berichte über eine vielfache Überzeichnung der Aktien. In der Masse entstand dadurch der Eindruck, daß tatsächlich großes Interesse an den Aktien bestehen würde. Durch solche Tricks konnte die Entwicklung weiter angeheizt werden, und in den Jahren 1871/72 erschien an der Börse in Berlin praktisch jeden Tag ein neues Unternehmen auf dem Kurszettel. Die Entwicklung war mit einem steilen Anstieg der Wohnungspreise verbunden, da von der reichen Oberschicht vermehrt Immobilien nachgefragt wurden. Die Mietpreise in Berlin stiegen drastisch an: Reichte im Jahr 1871 einer normalen Familie des mittleren Beamtentums noch etwa ein Sechstel des Haushaltseinkommens für die Miete, so kostete dieselbe Wohnung ein Jahr später bereits ein Viertel des Einkommens.

Die Entwicklung endete im März 1873 im Zusammenbruch und in der bis damals größten Wirtschaftskrise, welche 23 Jahre dauerte und die Bevölkerung in bittere Armut stürzte. Hunderttausende verloren ihre Existenzgrundlage, als die Kurse abstürzten. Ausgelöst wurde der Crash durch ein Gerücht, zwei Banken stünden vor dem Zusammenbruch. Durch das Abstoßen von Wertpapieren und den Rückzug der Spareinlagen gerieten die Banken in Schwierigkeiten und Spareinlagen gingen verloren. Im Crash gingen 61 Banken, 116 Industrieunternehmen und vier Eisenbahngesellschaften bankrott. Die Aktienkurse lagen im Jahr 1876 nur noch halb so hoch wie während des Booms 1873. Auch der Immobilienboom verdrehte sich ins Gegenteil und unzählige Wohnungen standen leer, weil viele Hausbesitzer ihre Kredite nicht zurückzahlen konnten. Die Selbstmordrate stieg ebenfalls drastisch an, und viele vormals reiche Aktienbesitzer landeten auf der Straße. Der Börsencrash wirkte sich auf die ganze Wirtschaft als Deflation aus: Niemand wollte mehr investieren, niemand konnte etwas kaufen. Die Firmen blieben auf ihren Waren sitzen und mußten die Preise reduzieren. Löhne und Gehälter wurden im weiteren Verlauf gekürzt.[3]

Konsequenzen

»Ich halte den Goldstandard für einen solchen Unfug, daß ich mit der Frage ›Was halten Sie vom Goldstandardsystem?‹ Volkswirte und Fachleute auf ihr wirtschaftliches Verständnis teste. ... In Wirklichkeit hat das Goldstandardsystem nie funktioniert und es wird nie funktionieren. Keine Regierung wäre jemals bereit, eine so radikale Deflationspolitik zu betreiben, wie es das System verlangen würde.«

Andre Kostolany, *Die Kunst über Geld nachzudenken*, 2001

Goldwährung – warum sie nie stabil sein kann

Um zu verstehen, wo die Ursachen der damaligen Wirtschaftskrisen, die dann zum Ersten Weltkrieg und zur Hyperinflation führten, liegen, muß man sich mit den grundsätzlichen Fehlern einer Goldwährung auseinandersetzen.

Leider zieht nicht jeder die richtigen Schlüsse aus dem Wissen um das fehlerhafte Geldsystem. Im Gegenteil: Neuerdings wird ernsthaft behauptet, daß die Probleme durch ein neues »Goldgeld« gelöst werden könnten. Es stimmt schon, Gold ist immer etwas wert. Das zügellose Gelddrucken wäre mit einer Golddeckung unterbunden, da für jeden neuen Geldschein Gold beschafft werden müßte. Doch bereits einfache und logische Überlegungen zeigen, wie gefährlich eine Golddeckung ist. Ein Goldgeldsystem kann sich nämlich als noch viel instabiler erweisen als das heutige Schuld-Geldsystem. Das erscheint zunächst unlogisch. Betrachten wir darum zunächst gesicherte Fakten!

Goldgeld brachte immer Armut

Die Geschichte lehrt: Eine Goldwährung und der Goldstandard lösen keine Probleme, sondern schaffen diese erst. Die Probleme beginnen damit, daß die meisten Länder überhaupt kein Gold besitzen und für die Einführung einer Goldwährung sich Gold von den wenigen großen Goldbesitzern der Welt zu deren Bedingungen und entsprechend hohen Zinsen leihen müßten. Die bekannten Belastungen aufgrund des Zinses würden sich also noch weiter verstärken, weil das Gold zusätzlich finanziert werden müßte. Heute kann ein verarmter Staat, wie zum Beispiel Bangladesch, durch Papiergeld mit wenig Aufwand eigenes Geld schaffen, das den Warenaustausch im Land sicherstellt. Was sollte diese Nation und andere aber tun, wenn sie Gold dafür benötigten? Die Folge wäre eine noch größere Verarmung auf der Welt. Nicht ohne Grund war die Massenarmut in Zeiten der Goldwährungen immer am größten. Es waren die Zeiten der Kinderarbeit, der 16-Stunden-Arbeitstage, der niedrigen Löhne und des Massenelends. Die Deutsche Bundesbank wies darauf hin, daß gerade die Phasen des Goldstandards im 19. Jahrhundert ständige Deflationen verursachten. So war beispielsweise das letzte Viertel des 19. Jahrhunderts fast ganz deflationär ausgeprägt, was mit dem Goldstandard und der fehlenden Geldanpassung an die wachsende Bevölkerung und höhere Produktivität begründet wird.

Goldgeld verhindert den Währungspuffer zwischen den Staaten

Wenn alle Länder »am Gold hängen«, dann ist keine angepaßte Währungspolitik mehr möglich, weil die Wechselkurs-Puffer fehlen. Die schwächeren Länder bluten dabei regelrecht aus. Flexible Wechselkurse kompensieren die unterschiedlichen Entwicklungen zwischen Ländern. Fehlen diese Wechselkurs-Puffer, etwa weil verschiedene Länder eine einheitliche Währung haben, dann kommt es automatisch zu Spannungen. Die Resultate lassen sich anhand der Finanzkrisen der letzten Jahre studieren: Die Krisen in Asien, Rußland oder Argentinien begannen wegen fehlender Wechselkurs-Puffer. Unterschiedliche Länder brauchen unterschiedliche, angepaßte Währungen. Gold bringt daher ein bisher vermeidbares Problem in die Währung. Und: Die wohl größte Aufgabe unserer Zeit, nämlich das Geld vom Zins zu erlösen, wird mit Gold unmöglich.

Goldgeld ist immer Zinsgeld

Durch Zinsgeld werden Schulden exponentiell solange vermehrt, bis sie nicht mehr bezahlt werden können. Am Ende müssen Schulden gemacht werden, nur um die Zinsen zahlen zu können. Wer erkannt hat, daß der Zins mit mathematischer Sicherheit in den Abgrund führt, muß auch einsehen, daß gerade Gold keine Lösung des Problems ist. Denn Gold läßt sich beliebig lange horten, und niemand wird es ohne eine »Belohnung«, also zinsfrei, verleihen. Goldgeld ist das schlimmste Zinsgeld! Im Gegensatz dazu läßt sich Papiergeld so gestalten, daß es freiwillig auch zinsfrei weitergegeben werden kann und damit stabil ist. Auch für die Gesamtwirtschaft ist Goldgeld alles andere als vorteilhaft.

Goldgeld verhindert Anpassung an die Wirtschaft

In einer stabilen Wirtschaft muß die umlaufende Geldmenge parallel zur steigenden Wirtschaftsleistung zunehmen, da mehr erzeugte Waren auch mehr Tauschmittel benötigen. Goldgeld läßt sich der Wirtschaftsleistung aber nicht flexibel anpassen. Voraussetzung wäre, daß die Goldförderung in etwa mit der Wirtschaftsleistung wächst. Die Freunde des Goldgeldes behaupten, daß dies der Fall wäre: Höhere allgemeine Wirtschaftsleistung würde sich auch in den Minen auswirken, so daß entsprechend mehr gefördert würde. Das nennen sie Goldautomatismus. Bei näherer Betrachtung erweist sich das als Illusion. Es gibt keinen handfesten Nachweis, daß dieser Automatismus tatsächlich funktioniert hat. Verschiedentlich nachweisbar ist jedoch folgender Vorgang: Die Wirtschaft wuchs, nicht jedoch die umlaufende Geldmenge. Damit wurde das Geld in Relation zu den Waren knapper und damit wertvoller. Die Preise fielen, und es kam zur Deflation mit dem bekannten Teufelskreis aus zurückgehenden Unternehmensgewinnen, Firmenpleiten, Arbeitslosigkeit, sinkender Kaufkraft, weiter abbrechenden Unternehmensgewinnen und so weiter. Am Ende führte eine Deflation zur Wirtschaftskrise, letztlich zum Krieg um Gold. Nicht umsonst waren die Spanier im 16. Jahrhundert beinahe dazu gezwungen, in Amerika die Indianer zu vernichten, um an deren Gold zu kommen. Anders wäre es nicht möglich gewesen, die spanische Wirtschaft mit frischem Gold-Geld zu versorgen und eine Deflation zu verhindern.

Ein Kind, das wächst, muß seine Blutmenge vergrößern – anderenfalls kommt es zu Krankheit und Tod. Genauso muß auch eine Wirtschaft, die sich entwickelt, die Geldmenge der Wirtschaftsleistung anpassen – anderenfalls kommt es zu Krisen und Deflation.

Hinzu kommt, daß sich der Goldbestand immer gegensätzlich zur Wirtschaftsentwicklung verhält: Angenommen, eine Wirtschaft wächst, es herrscht Vollbeschäftigung und Wohlstand, dann nutzen die Menschen ihr freies Geld für den Kauf von Schmuck und Edelmetallen. Da jedoch das meiste Gold in der Schmuckindustrie verwendet wird, sinkt die Geldmenge, je mehr Gold zu Schmuck verarbeitet wird. Um den Goldstandard aufrechtzuerhalten, muß Geld eingezogen werden, was zu einem Geldmangel und einer Depression führt.

Silvio Gesell beschrieb in seinem Buch *Die Natürliche Wirtschaftsordnung* schon vor 90 Jahren, daß es beispielsweise im alten China mit einer Silberwährung Sitte war, sich in guten Zeiten aus den Münzen eine Silberstatue eines Gottes zu gießen, um diesem für die gute Zeit zu danken. Da dies im großen Stil gemacht wurde, fehlten zunehmend Münzen für den Geldumlauf, weswegen sich augenblicklich eine Krise entwickelte. Deutlich wird an diesem Beispiel folgendes: Edelmetall hat nichts mit richtig konstruiertem Geld zu tun. Man bindet keine Ökonomie an ein Metall, das mit derselben gar keine Verzahnung hat. Die nicht beliebig vermehrbare Goldmenge sollte und braucht keinen Einfluß auf die Wirtschaftsleistung zu haben. Zur Information: Würde man das gesamte überirdische Gold zu einem Würfel schmelzen, hätte dieser eine Kantenlänge von nicht einmal 20 Metern. Etwa noch einmal soviel Gold wird in der Erde vermutet. Geld an Gold zu binden ist genauso unkontrollierbar, wie wenn man die Geldversorgung vom Pegelstand der Donau abhängig machen würde.

Gold bringt mehr Nachteile als Vorteile

Gegenüber ihren großen Nachteilen hätte eine Goldwährung höchstens zwei Vorteile: keine Inflation und – psychologisch bedingt – stärkeres Vertrauen in die Währung. Übersehen wird dabei jedoch, daß wir heute gar keine nennenswerte Inflation mehr haben und daß es noch keine Probleme mit dem Vertrauen in unsere heutige Papierwährung gibt. Selbst der ungeliebte Euro wird von jedem akzeptiert. Mit der Goldwährung sollen also Probleme gelöst werden, die wir gar nicht haben. Die Geschichte zeigt, daß eine Inflation noch nie das große Problem war. Selbst in der Hyperinflation 1923 in Deutschland hatte fast jeder ausreichend zu essen und Arbeit. Demgegenüber gab es Hunger, Arbeitslosigkeit, Elend und schließlich Krieg bei der Deflation der 1930er Jahre.

Durch eine Goldwährung würden hingegen massive Verwerfungen entstehen:

- Deflation wahrscheinlicher als Inflation: Beim Anschein einer Krise (Beispiel: Terroranschlag vom 11. September 2001) zieht sich das Goldgeld sofort vom Markt zurück, und die Wirtschaft gerät in eine sich selbst verstärkende Deflationsspirale.
- Schwache Länder bluten aus, da sie kein Gold besitzen und das Kapital bei fehlendem Wechselkurs-Puffer immer von den schwachen in die starken Länder abwandert.
- Zwischen unterschiedlichen Ländern bestehen keine Ausgleichsmechanismen, denn die Währungen sind über das Gold starr gekoppelt.
- Die wenigen großen Goldbesitzer erlangen mehr Macht über das weltweite Geld: Eine Minderheit bestimmt über die Wirtschaft.

Was Geld wirklich ist

Die Vorliebe für ein Goldgeld resultiert aus einer völlig falsch verstandenen Funktion des Geldes. Viele Leute meinen, Geld selbst müsse einen Wert haben. Dabei übersehen sie jedoch, daß die »Deckung« des Geldes bereits die Waren und Leistungen sind, die durch Geld nur besser tauschbar sind als direkt. Geld ist also nichts anderes als ein Vermittler, der den Erwerb von beliebigen Waren oder Dienstleistungen erleichtert. In Kurzform: Geld sollte ein Tauschmittel sein und selbst praktisch keinen Wert besitzen. Die beiden weiteren Funktionen, die Geld erfüllen muß, nämlich Schatzmittel und Preisbestimmungsmittel zu sein, ergeben sich auch dann von allein. Zu unserem heutigen Geld ist festzustellen, daß es die Funktion als Tauschmittel nicht korrekt erfüllt, da es über längere Zeit dem allgemein sinkenden Wert von Gütern, Waren und Dienstleistungen nicht folgt. Unmittelbar hieraus resultiert die zweite Störung: Unser Geld ist in seiner privaten Funktion völlig uneingeschränkt, was die öffentliche Funktion behindert. Um das zu verstehen, vergleiche man Bargeld mit einer Immobilie in Privatbesitz. Für diese muß Grundsteuer abgeführt werden, und bei baulichen Maßnahmen sind Bauvorschriften einzuhalten und Genehmigungen einzuholen. Dies mag den Besitzer stören, ergibt aber gesellschaftlich viel Sinn.

Die Entwicklung der Gesellschaft und des Wohlstandes für die normalen Bürger spricht auch gegen eine Goldwährung.

Lebensverhältnisse unter dem ersten Goldstandard

Mit den aufkommenden Problemen wird zunehmend von interessierten Kreisen der Wunsch nach einer neuen, nach dem Kollaps des heutigen Systems kommenden Goldwährung geschürt. Psychologisch erwarten die Goldbefürworter unter der normalen Bevölkerung offene Türen, weil Gold für etwas »Stabiles, Unvergängliches« gehalten wird und der einfache »Mann von der Straße« eine Krise mit Inflation gleichsetzt. Von den Goldbefürwortern wird dann immer gerne behauptet, daß das Leben unter dem ersten Goldstandard bis zum Ersten Weltkrieg von Reichtum und Stabilität gekennzeichnet gewesen wäre und der Staat sich nicht hätte verschulden können. Die Fakten hierzu werden jedoch geflissentlich verschwiegen: Das Gold war nur ein Vorteil für die kleine, sehr reiche Oberschicht, der normale Bürger bekam selten überhaupt eine Goldmünze zu sehen, geschweige denn in die Hand.

Sehr gut hat der Ökonom Prof. Gustav Ruhland in seinen Bänden *System der Politischen Ökonomie*, die zwischen 1898 und 1908 erschienen, das Leben in dieser Zeit beschrieben. Ruhland wurde im 19. Jahrhundert von dem damaligen Reichskanzler Bismarck auserwählt zu klären, warum alle Hochkulturen gescheitert sind. Er beschrieb dann in seinen Werken den Aufstieg und Untergang zahlreicher Völker, die letztlich immer am Zins und falschen Geldwesen zerbrochen waren. Daran änderte auch eine Edelmetallwährung nichts. Seine Beschreibung der Zustände im ausgehenden 19. Jahrhundert, der Zeit des ersten Goldstandards, sollte allen zu denken geben, welche auch heute noch den Fehler einer Edelmetallwährung wiederholen möchten.

Ruhland beschreibt beispielsweise anhand von Statistiken die Verschuldung der Staaten: So steigerte sich die Staatsverschuldung des Deutschen Reiches und der Bundesstaaten im Jahre 1874 von 3150 Millionen Mark über 8214 Millionen Mark im Jahre 1890 auf 15 205 Millionen Mark im Jahre 1905. Andere Länder entwickelten sich ähnlich, während die USA (wahrscheinlich durch die damals aufkommenden neuen Goldfunde) die Verschuldung abbauen konnte. Was deutlich wird, ist, daß die Argumentation, ein Staat könne sich nicht verschulden, wenn eine Goldwährung vorliegt, nicht stichhaltig ist. Es ist im Gegenteil umgekehrt: Ein Staat, der nicht über eigene Goldvorkommen verfügt (wie die meisten Länder), muß sich das Gold für seine Währung gegen hohe Zinsen von den Goldförderstaaten leihen und rutscht damit zwangsläufig immer mehr in die Schuldenfalle.

In gleichem Maße wie die Verschuldung des Staates folgte auch die exponentielle Entwicklung der Verbindlichkeiten der Kommunen (Abb. 5). Dabei handelt es sich um einen Teil der Gesamtverschuldung, konkret um die direkt vergebenen Darlehen.

Wie zu sehen ist, stimmt die Argumentation nicht, daß die Verschuldung der Staaten bei einem Goldstandard nicht ausufern könnte. Die Entwicklung war im Gegenteil ähnlich der heutigen.

Interessant ist auch die Aufstellung Ruhlands über die Verschuldung des Grundbesitzes zur damaligen Zeit: »Deutschland darf mithin sicher die Ehre für sich in Anspruch nehmen, seinen Grund und Boden weitaus mit den höchsten Summen verschuldet zu haben«.

Die Anhänger einer Goldwährung behaupten auch immer wieder, daß die Zeit des ersten Goldstandards mit weitreichendem Wohlstand verbunden gewesen wäre. Es wird der Fehler gemacht, Durchschnittszahlen für das Einkommen zu verwenden, statt zu berück-

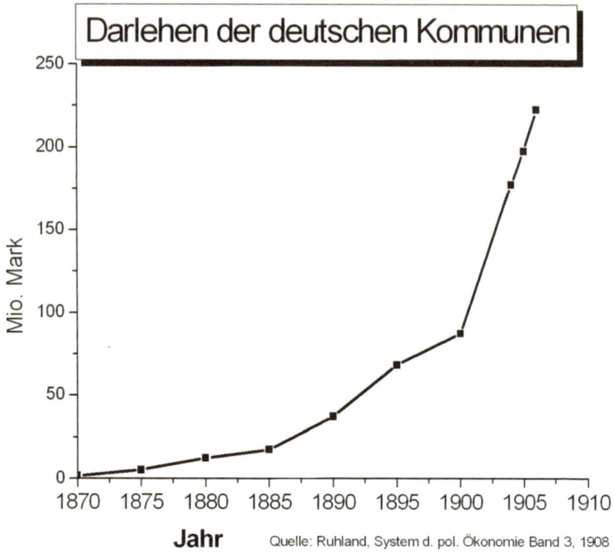

Abb. 5: Darlehen an die Kommunen im Deutschen Reich unter dem ersten Goldstandard (ohne Obligationen etc.)

sichtigen, daß wie heute auch, eine kleine Minderheit den Großteil der Einnahmen verbuchen konnte, während die anderen arm blieben. Würde man Durchschnittszahlen verwenden, dann wäre bei einem Millionär und einem Bettler die Welt auch in Ordnung: Jeder würde im Schnitt eine halbe Million Euro besitzen.

Viel mehr Aufschluß über das wirkliche Leben der Menschen unter dem Goldstandard gibt Ruhland in seiner Auflistung: Demnach wohnten beispielsweise im Jahre 1890 in Berlin fast 48 Prozent, in München 26 Prozent und in Breslau 48 Prozent der Menschen in einer Wohnung mit höchstens einem beheizbaren Zimmer. Bis zu fünf Prozent der Leute hatten überhaupt keine beheizbaren Zimmer. Im Jahre 1906 sah es nicht besser aus: So hausten in Berlin immer noch 50 Prozent der Bewohner in Wohnungen mit höchstens einem beheizbaren Zimmer, und manche von diesen Räumen mußten bis zu 14 Personen fassen. Viele Wohnungen bestanden nur aus einer kleinen Küche, und darin wohnten zehn bis 20 Menschen. Das Wohneigentum war immer mehr verschuldet. Ruhland schreibt, daß zum Beispiel in Dresden unter 427 verschuldeten Häusern 275 mit 100 bis 150 Prozent ihres Wertes mit Schulden belastet waren.

Interessant ist auch die Entwicklung der Spekulationskredite, da Goldbefürworter häufig behaupten, daß unter einer Goldwährung keine Spekulation stattfinden könne. Ruhland gibt hier die Summe von Bankkonten der damaligen sieben größten deutschen Banken an (Abb. 6), von denen der Großteil für Spekulationszwecke benutzt wurde.

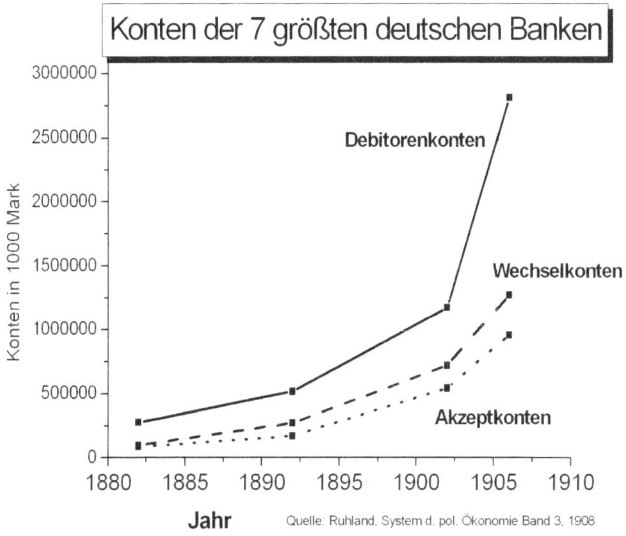

Abb. 6: Spekulationskonten der damaligen sieben größten deutschen Banken

Wie zu sehen ist, entwickelte sich auch unter dem Goldstandard die Spekulation exponentiell. Dabei war die Deckung der Verbindlichkeiten, die im Jahr 1898 noch bei 72 Prozent gelegen hat, auf nur noch 61 Prozent im Jahr 1906 zurückgegangen. Ruhland schloß daraus, daß es damit zwangsläufig zu einer Krise wegen Überspekulation kommen müsse. Verbunden mit der immer massiveren Spekulation war ein Rückgang der Moral, die nur noch den Gelderwerb als erstrebenswert betrachtete, jedoch nicht mehr die Quelle des Gelderwerbes sah. Ruhland beschreibt auch, daß die Spekulation mit einer ganzen Anzahl von Bestechungen verantwortlicher Personen verbunden war. Dabei wurde vor allem die Presse vom Spekulationskapital beherrscht oder aufgekauft. Mit der damaligen Entwicklung verbunden war auch ein deutliches Anwachsen der Scheidungsrate und der Zerstörung von Familien. So schreibt Ruhland, daß sich beispielsweise in Berlin allein zwischen 1892 und 1899 die Anzahl der Scheidungen mehr als verdoppelte. Damit verbunden war ein immer deutlicheres Zurückgehen der Geburtenrate.

Ein Maß für die damalige zunehmende Not der Menschen gibt auch die Kriminalstatistik. Nach Ruhland stieg die Zahl der Verurteilten pro 100 000 Menschen von 1040 Personen im Jahre 1882 kontinuierlich auf 1214 bis zum Jahre 1904. Die Gesamtzahl der Verurteilten stieg von 315 849 (1882) auf 505 158 im Jahre 1904 – also eine Zunahme um fast 60 Prozent!

Ruhland verglich in seinem historischen Rückblick darüber hinaus die damalige Entwicklung mit der Situation der Welt im beginnenden 20. Jahrhundert und erkannte besorgniserregende Übereinstimmungen. Dabei war Deutschland Anfang des 20. Jahrhunderts bereits so hoch verschuldet, daß es keinen Ausweg mehr geben konnte:

»Hervorragende Sachverständige schätzten die jährliche Vermögenszunahme des deutschen Volkes heute (1908, d. Verf.) auf zwei Milliarden Mark. Sie erreicht mithin kaum die Hälfte der jährlichen Schuldzunahme und muß in absehbarer Zeit das ganze Vermögen des deutschen Volkes den Kapitalisten ausliefern.«

Über das Zinssystem muß sich letztlich das ganze Vermögen bei wenigen Personen ansammeln und die meisten enteignen. Die Vermögenskonzentration war damals bereits so weit fortgeschritten, daß die Verwaltungsherrschaft über das meiste Vermögen in der Hand von nur wenigen Personen lag. Gleichzeitig mußte die Verschuldung für das Volk explodieren: »In dem Maße aber, als das Vermögen sich in immer wenigeren Händen zusammenfindet, in gleichem Maße muß die Zahl der Vermögenslosen wachsen. ... Die eigentliche Verwaltungsherrschaft für gewiß die Hälfte des deutschen Volksvermögens liegt so heute tatsächlich in den Händen von vielleicht 150 Personen. Die ganz überwiegende Masse der Reichen begnügt sich mit der Position eines arbeitslosen Rentners, der höchstens sich darauf beschränkt, fortlaufend den Börsenkurszettel bei seinem Morgenkaffee zu studieren. Die ungleich größere Masse der fast Vermögenslosen (in Preußen heute wohl 86 1/2 Prozent der Gesamtbevölkerung) ist mit ihrem Lebensunterhalt auf Dienstleistungen bei diesen 150 führenden Kapitalisten angewiesen ...« Dadurch entstand ein »Vetternschaft- und Cliquenwesen«, in der nur Beziehungen zur reichen Schicht zählten, persönliche Fähigkeiten jedoch nicht gefragt waren. Dabei gingen viele neue Ideen, die nicht in das Weltbild der herrschenden Minderheit paßten, zugrunde. Ruhland nennt in diesem Zusammenhang einige Erfinder und Entdecker, wie den englischen Arzt Harvey (1578–1658), der den Blutkreislauf entdeckte und von den privilegierten Fachprofessoren mit Spott und Hohn überschüttet wurde, oder den Erfinder des Telefons, Philip Reis, der von den Professoren an der Veröffentlichung seiner Erkenntnisse gehindert wurde.

Ruhland: »... Jedenfalls birgt diese Herrschaft der persönlichen Beziehungen über den Fortschritt in der Erkenntnis eine eminente Gefahr in einer Zeit, in welcher sich die Degenerationserscheinungen im Volk häufen, wie das heute der Fall ist und die verzögerte Anerkennung neuer wichtiger Ideen um mehrere Jahrzehnte unter Umständen über Sein oder Nichtsein des ganzen Volkes entscheidet.«

Insbesondere erkannte er auch die Aktie als effektives Mittel, die Gier und Spielsucht im Menschen zu wecken, um ihn effektiv auszunehmen. Obwohl der Kleinaktionär im Lauf der Geschichte immer wieder alles verloren hat, ist bei Beginn der nächsten Hausse alles schon längst wieder vergessen. Durch die Ausweitung des Aktienkapitals wird Geld der Bevölkerung akkumuliert und in einem Zusammenbruch schlagartig umverteilt. Dabei werden die Märkte durch die Anreicherung von Geld in wenigen Händen zunehmend auch von diesen wenigen Personen gezielt manipuliert: »Bei den modernen Weltmärkten für die verschiedenen Waren wird außerdem der Markt durch ›Stimmungen‹ beherrscht, die sich auf den eingelaufenen Nachrichten von und über den Markt aufbauen. Weil und soweit aber dieser Nachrichtendienst mehr oder minder ausschließlich in der Hand des spekulativen Privatkapitals ruht, werden diese Nachrichten im Interesse großer Privatspekulationen immer wieder systematisch gefälscht. Damit wird dann natürlich auch immer die Preisbildung gefälscht. Und das schließliche Resultat ist eine Verschärfung der Preisschwankungen nach oben und unten.«

Deshalb kam es in der Zeit nach der industriellen Revolution zu drückendsten Bedingungen für die Beschäftigten: »Um das in den Gebäuden und Maschinen steckende Kapital möglichst rentabel zu machen, ging man von dem langen Arbeitstag zur Tag- und Nachtarbeit mit zwei Schichten zu je zwölf Stunden über. Andere Unternehmer ließen viele Arbeiter 30 bis 40 Stunden durcharbeiten. ... Und hier wurden dann die Kinder selten mit fünf, häufig mit sechs, sehr oft mit sieben, meist mit acht bis neun Jahren beschäftigt, und zwar 14 bis 16 Stunden täglich, wobei körperliche Züchtigung in ausgiebigem Maße angewendet wurde.«

Unter der wachsenden wirtschaftlichen Not neigten die Arbeiter zunehmend zum Streik. Der Verlust an Arbeitszeit durch Streiks stieg vom Jahr 1900 von gut 1,2 Millionen Arbeitstage auf über 7,3 Millionen Arbeitstage im Jahr 1905. Ruhland erkannte darin einen sich immer weiter verschärfenden Bürgerkrieg.

Die Entwicklung war auch auf dem Bankensektor erkennbar: Die im Jahre 1870 mit 15 Millionen Mark Kapital gegründete Deutsche Bank wuchs bis 1908 auf ein Vermögen von 150 Millionen Mark, im ganzen Syndikat sogar drei Milliarden Mark, an. Bei Beibehaltung dieser Steigerungsrate würde spätestens nach zehn weiteren Jahren das gesamte Volksvermögen von 150 Milliarden Mark der Deutschen Bank gehören. Doch dazu kam es nicht mehr – Ruhland sah bereits, sechs Jahre vorher, den Ersten Weltkrieg voraus:

»Bei der nur zu oft maßlosen Inanspruchnahme des Kredits vollzieht sich hier mit Hilfe des Bank- und Börsenkapitals in einer anscheinend planvollen Weise eine nationale wie internationale Verkettung der Privatunternehmungen, die in unserem Kriegszeitalter uns eines Tages einer Krise entgegenzuführen droht, wie sie kaum in der Geschichte der Völker schon erlebt wurde.«[4]

Hierzu kam es denn auch nur wenige Jahre später. An den detaillierten Beschreibungen Ruhlands wird deutlich, daß die Periode der Goldwährung und des Goldstandards keineswegs ein »goldenes Zeitalter« war. Vielmehr verschlimmerte und verursachte Gold die Not der Menschen und ist damit keine Basis für eine stabile Währung. Eine Goldwährung kann deshalb nie lange Zeit stabil funktionieren.

Bedeutung für die heutige Zeit

Bedeutsam sind die Entwicklungen unter dem ersten Goldstandard für uns heute deshalb, weil sie deutlich belegen, daß eine Edelmetallwährung zur Verarmung der meisten Menschen führt. Auch wurde das Gold traditionell als Machtmittel benutzt, um ganze Staaten in Abhängigkeit zu bringen und zu halten.

Heute wird wieder von vielen Seiten eine Goldwährung gefordert. Die Wirtschaft ist jedoch noch viel dynamischer als damals, und Störungen im Geldumlauf machen sich drastischer bemerkbar. Es wäre eine Katastrophe für alle arbeitenden Menschen, würde man zu einer Goldwährung zurückkehren. Die Löhne würden unter dem deflationären Einfluß permanent sinken und die Wirtschaft stocken. Diese Krisen und der ständige Goldmangel führten in der Vergangenheit zum Beispiel schon zur Ausbeutung der Kolonial-Länder und zu Kriegen. Kein Wunder, daß der Erste Weltkrieg auf eine Krise mit einer Goldwährung folgte.

»Erst im Jahre 2020, gut hundert Jahre nach dem Ende des Ersten Weltkriegs, wird Deutschland alle Folgekosten der 1919 in den Versailler Verträgen festgelegten Reparationen bezahlt haben. ... Die Briten wähnten außerdem, durch astronomische Reparationssummen die deutsche Handelskonkurrenz zu drosseln, die Franzosen, den Revanchismus zu zähmen. ... Die Vorneverteidiger gegen Deutschlands Revanchismus verließen sich aber gar nicht erst auf die Republik, sondern allein auf ihre Knebel. ... Derweil zahlte die Republik, und zwar hauptsächlich die Zinsen, die in der Reparationsbilanz fast das Dreifache der Grundforderung betragen hätten. Die Tilgung war den Enkeln vorbehalten.«
»Von deutschen Schulden«, *Berliner Zeitung*, 9. Oktober 1999

Fehler Nr. 2 – Erster Weltkrieg und Währungsreform

Die bekannteste Währungsreform ist die von 1923, nach der vorhergegangenen Hyperinflation. Die Erinnerung daran hat sich bei vielen Menschen durch Erzählungen der Großeltern eingegraben. Noch heute sind in großer Menge Geldscheine von damals vorhanden, die auf Milliarden- oder Billionen-Summen lauten – und am Ende gerade noch den Gegenwert eines Brotes symbolisierten. Deshalb ist diese Finanzkrise bei der Masse der Menschen auch als »Krise« überhaupt bekannt – dies allerdings zu unrecht, da die weniger spektakuläre Deflationskrise bedeutend schlimmer verläuft, wie wir noch sehen werden.

Bevor wir uns den Verlauf der Hyperinflation näher ansehen, sollte geklärt werden, warum es eigentlich dazu kam. Grund war der verlorene Erste Weltkrieg und die unbezahlbaren Reparationsforderungen der Siegermächte. Um den Verpflichtungen wenigstens teilweise nachzukommen, versuchte der Staat durch eine willkürlich durch Geldmengenausweitung erzeugte Inflation mehr Einnahmen zu erlangen bzw. seine Schulden im Inland zu entwerten.

Wie gewinnt der Staat bei einer Inflation?

Der Staat gewinnt dann, wenn er die Notenpresse in der Hand behält und damit als erster die Geldscheine ausgeben kann. Da die Preise erst mit Verzögerung auf die Geldmengenausweitung reagieren, kann der Inflationsstaat noch günstig Waren und Dienstleistungen einkaufen. Geschädigte sind alle anderen Marktteilnehmer, die dann zu überhöhten Preisen kaufen müssen.

Dazu kommt folgendes: Wenn es in der Inflation zu Lohnanpassungen kommt, dann erfolgen diese immer erst nachträglich nach den Preissteigerungen. Die Arbeiter verlieren also ständig, da sie zwangsläufig der Entwicklung hinterherlaufen. Wenn die Löhne steigen, dann sind die Preise schon weiter angestiegen. In unserem progressiven Steuersystem führt jedoch jede Lohnsteigerung unmittelbar auch zu einem höheren Steuersatz. Das hat dann in der Inflation zur Folge, daß immer mehr Steuern gezahlt werden müssen, obwohl real der Arbeiter zunehmend weniger einkaufen kann. Gewinner ist dabei der Staat, der mehr Steuern erhält. Nicht zu vergessen ist natürlich die reale Entwertung der Staatsschulden in der Hyperinflation. Das Inflationsland bezahlt seine Anleihen einfach mit entwertetem Geld zurück.

Geschichtlicher Verlauf 1914 bis 1924

Die Hyperinflation 1923

Das deutsche Kaiserreich besaß eine Goldwährung, bei der ein Drittel des Geldumlaufs durch Gold gedeckt war. Im Juli 1914 zog die deutsche Bevölkerung aus Kriegsangst Goldmünzen im Wert von 100 Millionen Mark von den Reichsbankkassen ab. Aus diesem Grund stellte die Reichsbank Ende Juli 1914 die Einlösung von Banknoten und Scheidemünzen in Gold ein. Mit dem Ermächtigungsgesetz vom 4. August 1914 wurde der Goldstandard aufgehoben, alle Gelder und Münzen wurden nicht mehr in Gold eingetauscht. Zur Banknotendeckung wurden jetzt Schuldverschreibungen des Reiches zugelassen, und Darlehnskassen, die Kredite zur Förderung von Handel und Gewerbe gegen Sicherheiten gewährten, konnten sogenannte Darlehnskassenscheine als Zahlungsmittel in Umlauf geben. Hintergrund war die Rüstung, die für den Ersten Weltkrieg finanziert werden mußte. Da die Goldmenge begrenzt ist, konnten eine steigende Rüstungsindustrie und Kriegsverluste damit nicht bezahlt werden. Deshalb wechselte man zur Papierwährung und vertraute darauf, den Krieg zu gewinnen und den Verlierern die Schuld am Ende aufzubürden. Durch den Krieg verfünffachte sich die umlaufende Geldmenge von Kriegsbeginn bis 1918 auf 33 Milliarden Mark. Dabei ging der Münzanteil an der Gesamtgeldmenge auf nur noch 0,5 Prozent gegenüber ca. 56 Prozent im Jahr 1913 zurück.

Durch die Inflation kam es zu ausgedehnten Preissteigerungen. Der Wechselkurs zum Dollar sank kontinuierlich. Auslöser der Misere waren die ansteigenden Kriegskosten, die sich schließlich auf 164 Milliarden Mark beliefen. Die Finanzierung der Staatsschulden erfolgte vor allem durch Anleihen (97 Milliarden Mark), Schatzwechsel, Schatzanweisungen und ähnliche Schuldverschreibungen (57 Milliarden Mark), aber nur zu einem kleinen Teil durch Kriegsabgaben und Steuererhöhungen (zehn Milliarden Mark). Dies bedeutete einen starken Anstieg der Staatsverschuldung.

Allein die in den ersten sechs Mobilmachungstagen benötigten 750 Millionen Mark führten zu einer Knappheit beim Kleingeld bis zum Fünf-Mark-Stück, obwohl alle Münzstätten auf Hochtouren arbeiteten. Deshalb gaben Städte, Gemeinden und Firmen mit staatlicher Duldung im August und September 1914 eigenes Notgeld zu 50 Pfennig, ein, zwei, drei und fünf Mark aus. Als die kriegswichtigen Rohstoffe Kupfer und Nickel knapp wurden, stellte das Reich 1915/16 die Kupfer-/Nickelprägungen bis zum Zehn-Pfennig-Stück ein und ersetzte sie durch die Metalle Eisen, Zink und Aluminium. Wegen des Mangels an Kleingeld emittierten mehr als 2000 kommunale und private Ausgabestellen 1915/16 wieder Notmünzen und Kleingeldersatzscheine.

Ab 1916 wurden die Silbermünzen aus dem Verkehr gezogen und zur Bezahlung von Importen genutzt. Goldmünzen wurden vom Staat in der Sammelaktion »Gold gab ich für Eisen« eingesammelt. Zum Ausgleich für die eingezogenen Münzen wurde im letzten Kriegsjahr Papiernotgeld ausgegeben.

Soziale Leistungen für Kriegsopfer und Hinterbliebene nach dem Ende des Ersten Weltkrieges sowie die Umstellung der Kriegswirtschaft auf eine Friedensproduktion destabilisierten den Reichshaushalt in immer größerem Ausmaß, was zu noch höherer Verschuldung führte. Die aus dem Versailler Vertrag abgeleiteten Reparationsforderungen wurden erstmals im April 1921 eingefordert. Mehr als 132 Milliarden Goldmark sollte das Deutsche Reich in Dollar, Pfund und Franc zahlen. Die deutsche Regierung unter Joseph Wirth wollte die Forderungen soweit wie möglich erfüllen, um damit den Siegermächten die Realitätsferne der Forderungen zu belegen.

Folge davon war, daß der Schuldendienst des Reiches auf 126 Prozent der Staatseinnahmen stieg, was dessen Unbezahlbarkeit bedeutete und immer weitere Verschuldung nach sich zog. Da die Reparationszahlungen in Fremdwährungen zu leisten waren, mußte immer mehr deutsches Geld gegen Fremdwährung getauscht werden, was den Wechselkurs der Mark zu anderen Währungen drastisch absinken ließ.

Bis 1922 war der 1000-Mark-Schein die höchste Wertstückelung unter den Banknoten. Als belgische und französische Truppen Anfang Januar 1923 ins Ruhrgebiet einmarschierten, um dieses als Pfand für die Reparationszahlungen zu besetzen, reagierte die Reichsregierung mit der Proklamation des passiven Widerstands und des

Ausrufens eines Generalstreiks an Rhein und Ruhr. Für die Währung war dies fatal, da die Streikenden mit immer mehr gedruckten Geldscheinen bezahlt wurden.

Die Inflation beschleunigte sich damit, bis die Reichsbank im November als höchsten Wert einen Geldschein über 100 Billionen Mark drucken ließ. Um die gewaltigen Geldmittel zu produzieren, waren im Herbst 1923 bis zu 133 Fremdfirmen mit 1783 Druckmaschinen für die Reichsdruckerei Tag und Nacht beschäftigt. Allein das für die Druckereien benötigte Papier wurde in 30 Papierfabriken produziert, und für den Druck stellten 29 galvanoplastische Werkstätten rund 400 000 Druckplatten her. Etwa 30 000 Menschen waren mit der Herstellung der insgesamt etwa zehn Milliarden staatlich ausgegebenen Inflationsscheine beschäftigt.

Da trotz dieses immensen Aufwandes die Druckkapazitäten nicht ausreichten, wurden von mehr als 5800 Städten, Gemeinden und Firmen eigene Notgeldscheine herausgegeben. Am Ende waren über 700 Trillionen Mark als Notgeld und rund 524 Trillionen Mark von der Reichsbank ausgegeben worden.

Da dem Anstieg der Preise für Waren und Dienstleistungen die Löhne und Gehälter nicht folgen konnten, verschlechterte sich die Lage der Bevölkerung ständig. Der Reallohn sank auf ca. 40 Prozent seines Vorkriegsniveaus, weite Teile der deutschen Bevölkerung verarmten. Geld-Ersparnisse wurden völlig entwertet, feste Erträge oder Zinsen waren praktisch wertlos. Durch Mangel an Kaufkraft verloren auch Immobilien ihren Wert und wurden bei Notveräußerungen unter dem realen Wert verkauft. Oft erfolgten die Lohnzahlungen täglich, und jedermann versuchte, Bargeld schnellstmöglich in Sachwerte einzutauschen. Ladenöffnungszeiten richteten sich nach den Bekanntgabeterminen für aktuelle Wechselkurse, und in Restaurants konnte sich die Zeche während der Mahlzeit verdoppeln. Kriminelle stahlen kein Geld mehr, sondern durchsuchten ihre Opfer nach Wertsachen und rissen ihnen Goldzähne heraus. Pfarrer hielten den Kirchgängern für die Kollekte nach den Gottesdiensten einen Wäschekorb hin.

Immer mehr Verwaltungs- und Wirtschaftsbereiche gaben wertbeständiges Notgeld als Waren- und Sachwertgutscheine aus. Diese Scheine lauteten auf Roggen, Weizen, Holz, Teer, Kohlen, Zucker,

Speck, Strom und Gas. Das bewirkte, daß am Ende mehr als 2800 verschiedene wertbeständige Geldscheinsorten in Deutschland umliefen.[5]

Im November 1923 wurde die Rentenbank gegründet, die in streng limitierter Menge die Rentenmark herausgab. Da Deutschland keine Goldreserven zur Deckung hatte, wurde dazu der landwirtschaftliche Grundbesitz herangezogen, und Grundbesitzer, Handel, Banken und die Industrie wurden mit einer Hypothek von 3,2 Milliarden Rentenmark belastet. Dafür gab die Rentenbank 2,4 Milliarden Banknoten heraus. Durch eine gleichzeitige Steuerreform, welche die Steuerzahlungen indexierte, und die Deckung der neuen Währung durch die Industrie wurde diese in der Bevölkerung akzeptiert. Nach Festlegung des Dollar-Kurses auf 4,2 Billionen Papiermark für einen Dollar im November 1923 konnte auch das Vertrauen in die inflationierte Papiermark wiederhergestellt werden.[6]

Angesichts der katastrophalen Folgen der Inflation wurde im Dawes-Plan 1924 ein neuer Reparations-Zahlungsplan festgelegt. Damit erhielt die Reichsbank am 30. August wieder ihre frühere Funktion einer von der Regierung unabhängigen Notenbank.

Profiteure der Inflation waren oftmals die Unternehmer, weil die Reichsbank der Industrie laufend Kredite gewährte und damit viele Unternehmen ihren Besitz mit Hilfe der fortschreitenden Geldentwertung erweitern konnten. So baute etwa der Großindustrielle Hugo Stinnes sein Wirtschaftsimperium durch die Aufnahme hoher Schulden auf – die er inflationär entwertet wieder zurückzahlte. Vor allem jedoch profitierte der Staat, da die gesamten Kriegsschulden in Höhe von 164 Milliarden Mark nach der Währungsumstellung am 15. November 1923 einen Wert von gerade einmal 16,4 Pfennigen hatten. Am Ende der Inflation war der Papierwert der ersten Inflationsscheine größer als die Kaufkraft ihres Nennwertes. So verwendete man die Scheine vielfach zweckfremd und überdruckte sie zu Eintrittskarten, Mitgliederausweisen, Quittungen, Festtagsglückwünschen oder nutzte sie für politische Propagandazwecke.[7]

Um sich den Verfall der deutschen Währung im Vergleich zum Dollar vorstellen zu können, folgen nun die Datumsangaben, nach denen sich der Wechselkurs zum US-Dollar jeweils verzehnfachte:

Datum	*Dollar-Kurs in Mark*	*Zeitraum für eine Verzehnfachung*
Juli 1914	4,20	
Januar 1920	41,98	5 1/2 Jahre
3. Juli 1922	420,00	2 1/2 Jahre
21. Oktober 1922	4430,00	108 Tage
31. Januar 1923	49000,00	101 Tage
24. Juli 1923	414 000,00	174 Tage
8. August 1923	4 860 000,00	13 Tage
7. September 1923	53 000 000,00	30 Tage
3. Oktober 1923	440 000 000,00	26 Tage
11. Oktober 1923	5 060 000 000,00	8 Tage
22. Oktober 1923	40 000 000 000,00	11 Tage
3. November 1923	420 000 000 000,00	11 Tage
20. November 1923	4 200 000 000 000,00	17 Tage

Zusammenfassend läßt sich für die Hyperinflation 1923 festhalten: Ursache war der Erste Weltkrieg und die daraus folgenden Reparationszahlungen sowie die Besetzung des Rheinlandes durch Frankreich, welche die deutsche Regierung zur Inflationierung der Währung trieb. Die Hyperinflation war auch nur auf die Verlierer des Krieges wie Deutschland beschränkt. Damit lassen sich die Ereignisse damals nicht ohne weiteres auf andere Währungsreformen oder die heutige Zeit übertragen.

Viel wahrscheinlicher ist heute ein Verlauf, wie er zur Währungsreform 1948 führte. Die Ursachen dafür wurden genau mit der Währungsreform 1923 gelegt.

Währungspolitik nach der Inflation 1923

Bis Mitte der 1920er Jahre gab es weltweit flexible Wechselkurse bei relativ hohen Schwankungen. Experten behaupteten damals, daß freie Wechselkurse nicht in der Lage wären, Ungleichgewichte auszugleichen – die Annahme aus dieser Zeit führte nach dem Zweiten Weltkrieg zum Bretton-Woods-System. Demgegenüber gab es auch andere Wissenschaftler, wie Milton Friedman, die betonten, daß die Probleme keineswegs von den freien Ausgleichsmechanismen verursacht wurden, sondern von internen Faktoren wie beispielsweise einem Haushaltsdefizit von Frankreich nach dem Ersten Weltkrieg. Die Währungsschwankungen damals waren zu einem guten Teil von der Nachkriegsfinanzordnung verursacht: Immer wenn in Frankreich wieder die Bezahlung der Reparationszahlungen von Deutschland erwartet wurde, stieg die französische Währung. Genauso fiel der Francs, wenn die Investoren zum Beispiel eine sozialistische Gesetzgebung in Frankreich befürchteten.

Die Währungsschwankungen damals führten jedoch dazu, daß immer mehr Staaten zu einem Goldstandard zurückkehrten in dem Glauben, damit Stabilität erkaufen zu können. In Österreich wurden 1923, in Polen 1924 und Ungarn 1925 die Bedingungen des ersten Goldstandards wieder eingeführt.[8]

Bedeutung für die heutige Zeit

Auch heute können wir von den damaligen Vorgängen eine Menge lernen: Der Goldstandard bis 1914 war die Ursache für Wirtschaftskrisen. Aus diesen Krisen wuchs weltweit eine kriegerische Stimmung, die sich dann im Ersten Weltkrieg entlud. Im Krieg wurde der Goldstandard abgeschafft und eine Papierwährung eingeführt, um die hohen Rüstungsausgaben zu finanzieren. Im Krieg inflationierte die Währung, und die Reparationszahlungen mit der Besetzung des Rheinlandes machten die Währungszerrüttung komplett.

Was für eine kommende Inflation wichtig ist zu wissen: Der momentane Wert von Sachkapital steigt nicht unbedingt. Damals sank die reale Kaufkraft der Menschen auf 40 Prozent der Vorkriegszeit. Deshalb waren keine Mittel da, um beispielsweise Immobilienkäufe zu tätigen – Häuser konnten deshalb (trotz eines hohen fiktiven Preises) oft nicht verkauft werden. Man sollte also keinesfalls auf einen Immobilienverkauf in einer Hyperinflation angewiesen sein. Gewinner waren damals vor allem Unternehmen, weil sie Kredite direkt von der Notenbank aufnehmen und damit den Betrieb vergrößern konnten. Die Schulden wurden dann wieder inflationär entwertet zurückgezahlt.

Was auch deutlich wird: Die Zeitdauer der Hyperinflation war mit einem knappen Jahr relativ kurz. Das zeigt: Auf eine massive Hyperinflation folgt sehr bald eine Währungsreform, die den Geldwert wieder stabilisiert. Es ist also auch in Zukunft nur von einer kurzen hyperinflationären Phase auszugehen. Ganz anders verlief die Deflation der 1930er Jahre, die sehr lange andauerte.

»Denn das mache den großen Unterschied zwischen den Crashs der Jahre 1929 bis 1932 und 2000 bis 2003 aus. In beiden Fällen sei die Euphorie durch den uneingeschränkten und unreflektierten Glauben an eine neue Technologie ausgelöst worden – damals durch das Radio, 70 Jahre später durch das Internet. Der Unterschied: ›1929 gab es einen Doppel-Crash von Börsen und Weltwirtschaft, während im Jahr 2000 zwar die Aktienkurse einbrachen, die Rezession aber mild ausfiel‹, erläutert Heller. Nach Ansicht Gerkes war dies vor allem dem US-Notenbank-Chef Alan Greenspan zu verdanken, der mit niedrigen Zinsen und hoher Liquidität auf die Krise reagiert hat. Auch die Europäische Zentralbank habe richtig gehandelt. Damals, so Heller, wäre eine solche flexible Reaktion wegen des Goldstandards gar nicht möglich gewesen.«

Die Welt, 26. Oktober 2004

Fehler Nr. 3 – Der zweite Goldstandard

Leider hatte man aus den schlechten Erfahrungen mit dem ersten Goldstandard bis zum Ersten Weltkrieg nichts gelernt. Man konnte oder wollte nicht erkennen, daß erst die instabile Goldwährung zur Not der Menschen geführt hatte, aus der dann der Weltkrieg entstand. Auch die nach dem Krieg folgende Inflation mit dem eingeführten Papiergeld war keineswegs die Ursache der Problematik, sondern nur das Symptom einer falschen Geldpolitik und der überzogenen Forderungen der Siegermächte nach dem Ersten Weltkrieg. Man meinte nach der Hyperinflation in Deutschland, nur mit einer neuen, weitreichenden Goldwährung könne eine weitere Währungszerrüttung verhindert werden, und vergaß, daß man diesen scheinbaren Vorteil mit der Entstehung einer viel schlimmeren Deflation erkaufte.

Geschichtlicher Verlauf 1924 bis 1945

Im Herbst 1924 führte man den Goldstandard auch in Deutschland wieder ein, indem die Reichsbank verpflichtet wurde, mindestens 40 Prozent des Notenumlaufs in Gold oder in Gold tauschbaren Devisen zu halten. Im Dawes-Plan erhielt Deutschland zusätzlich eine Anleihe über 800 Millionen Goldmark, was zur Wiedereinführung des Goldstandards mit beitrug.

Andere Länder wie England, Frankreich, Italien und Belgien stabilisierten ihre Währung ohne Währungsreform, indem sie die Währung zu einem höheren Goldpreis festlegten. England kehrte zum Goldstandard im Jahr 1925 zurück, dem sich Holland, Australien, die Schweiz und Südafrika wenig später anschlossen. Insgesamt war der Goldstandard bereits im Jahr 1926 wieder vollständig hergestellt und umfaßte unter anderem folgende Länder: Großbritannien, die Niederlande, Schweden, Dänemark, die Schweiz, Deutschland, Österreich, Ungarn, Finnland, Jugoslawien, Bulgarien, Rußland, die USA und zwölf lateinamerikanische Länder.

Die kurze Zeit bis zum Beginn der Weltwirtschaftskrise zeichnete sich dann durch ein wirtschaftliches Wachstum aus, wobei die Geldmenge diesem Wachstum nicht gerecht werden konnte. Sie reichte nicht aus, und man versuchte die Differenz durch höhere Devisenreserven auszugleichen.

Die Probleme des zweiten Goldstandards waren wiederum die gleichen wie die des ersten: Die Handelsbilanzen waren nicht ausgeglichen. Während einige Länder dauernde Handelsbilanzüberschüsse erzielten, mußten andere, wie England, unter einem ständigen Defizit leiden. Dabei kam es zu einem völlig unausgeglichenen Gläubiger-Schuldner-Verhältnis zwischen den Staaten: Deutschland war von Krediten aus den USA abhängig geworden, die zur Tilgung der Reparationszahlungen verwendet wurden. England und Frankreich verwendeten jedoch diese Zahlungen ebenfalls nur zur Begleichung von Kriegsschulden. Damit kam es zu einem ständigen Kapitalfluß in die USA, die wiederum in Europa investierte. Europa war damit von der wirtschaftlichen Lage in Amerika und dessen Investitionen direkt abhängig, was sich schließlich in der Weltwirtschaftskrise bitter rächen sollte. Auch die Handelsströme waren von zunehmenden Abhängigkeiten gekennzeichnet: Die USA exportierten mehr nach Europa als umgekehrt. Europa hatte einen Exportüberschuß in die rohstoffliefernden Länder, die nur dann in Europa kaufen konnten, wenn sie immer mehr Waren in die USA exportieren konnten. Damit waren neben den Zahlungs- auch die Handelsströme sehr von der wirtschaftlichen Situation in Amerika abhängig.

Der Goldstandard war auch deshalb instabil, weil die Goldreserven ungleich verteilt waren: Während die USA 1913 noch 24 Prozent der weltweiten Goldreserven besaßen, war dieser Anteil bis 1926 bereits auf ca. 45 Prozent angestiegen.

Dies bewirkte eine Goldknappheit in vielen Ländern, die versuchten, das Problem durch Devisenreserven auszugleichen – dadurch entstand der sogenannte »Golddevisenstandard«. Auch die Währungspolitik Frankreichs führte zu Problemen: So vergrößerte Frankreich seine Goldreserven von 1926 bis 1931 auf das Vierfache, während gleichzeitig der Francs unterbewertet war und dem Land einen Wettbewerbsvorteil verschaffte. Auch Deutschland steigerte seine Goldreserven von 1924 bis 1929 auf das Dreifache. Anderen Ländern fehlten deshalb zunehmend die Goldreserven.[9]

Dies alles zeigt die große Schwäche eines Goldstandards: Es kommt bei einer sich entwickelnden, wachsenden Wirtschaft zu einem ständigen Gold- und damit Geldmangel. Da Geld nur dann ausgegeben werden kann, wenn genügend Edelmetallvorräte vorhanden sind, kommt es zur Hortung von Gold, was wiederum die anderen Länder, welche auf das Gold angewiesen sind, unter Zugzwang bringt. Nicht zuletzt die große Weltwirtschaftskrise der 1930er Jahre war eine Folge des Goldstandards, der die Notenbanken daran hinderte, Gegenmaßnahmen in bezug auf die Deflation einzuleiten. Die in den 1920er Jahren aufkommende Börsenspekulation mußte deshalb in Verbindung mit einem Goldstandard zwangsläufig innerhalb weniger Jahre in einem Crash enden.

Die Weltwirtschaftskrise 1929 bis 1939

Neben dem Goldstandard war eine der Hauptursachen für die Weltwirtschaftskrise auch die Währungspolitik der amerikanischen Notenbank *Federal Reserve Bank* (FED), die beispielsweise durch Zinssenkungen die Börsenspekulation weiter anheizte, statt diese abzubremsen. Dabei war schon die Gründung der FED sehr zweifelhaft: So wurde das dafür notwenige Gesetz am 23. Dezember 1913 von nur wenigen Parlamentariern beschlossen. Die übrigen wußten über diese wichtige Entscheidung nicht Bescheid und verabschiedeten sich in den Weihnachtsurlaub. Die FED ist nach Meinung von Kritikern keine normale staatliche Notenbank, sondern eine Privatinstitution mit dem Recht, Geld zu drucken und über die Geldpolitik ohne weitere demokratische Kontrolle zu bestimmen. Eine der Hauptbegründungen für die Etablierung der FED war, daß diese Krisen verhindern sollte. Doch kam es gerade unter der FED-Geldpolitik zur größten bisherigen Wirtschaftskrise und zum Börsenkrach von 1929.[10]

Der Börsencrash 1929: In der Tat zeigen sich deutliche Parallelen in der Entwicklung des Finanzmarktes damals vor dem Crash, verglichen mit heute. Von 1912 bis 1920 stieg beispielsweise das amerikanische Volksvermögen von 188 auf 375 Milliarden Dollar. Trotz einer Bevölkerungszunahme steigerte sich damit das Volksvermögen pro Kopf von 2000 auf 3600 Dollar. Allerdings war dieser Vermögenszuwachs zu einem guten Teil von der Entwicklung an den Börsen abhängig. Die Bevölkerung glaubte damals tatsächlich an einen ewigen Wohlstand. Die Börsenkurse begannen ab 1924 zu steigen, und im Jahre 1927 erreichte die Spekulation ein deutliches Ausmaß. Weil die Kurse scheinbar unaufhörlich kletterten, erfaßte das Spekulationsfieber weite Bevölkerungsteile. Dabei unterstützte die FED 1927 die Spekulation sogar noch durch eine Absenkung des Diskontsatzes von vier auf 3,5 Prozent. Auch die Politik versuchte alles, um Warnungen vor einem Crash zu zerstreuen. Im Januar 1928 erklärte der Präsident sogar, es bestehe kein Anlaß zur Sorge, da die Börsenkredite nicht zu hoch seien. Vorausschauende Experten sprachen schon von einer beginnenden Deflation, jedoch wurden die Warnungen nicht ernstgenommen. Die Lage verschärfte sich latent weiter, und im März 1928 erreichten die Aktienkurse neue Höchststände. Der Zuwachs wurde mit der Verbreitung von Radioapparaten und Autos begründet. Durch den Aktienanstieg dieser Unternehmen wurde der Boom an der Börse eingeleitet. Auch am gesteigerten Börsenvolumen war die Entwicklung erkennbar: Mitte März 1928 wurden bereits 3,87 Millionen Aktien gehandelt. Rückschläge ignorierten die Anleger einfach, und in den Nachrichten erschienen Börsenmeldungen an erster Stelle. Mehrere Male mußte 1928 die Börse sogar geschlossen werden, um den Angestellten die Bearbeitung der Aufgaben zu ermöglichen. Zunehmend wurde der Aktienkauf mit Krediten finanziert. Doch weiterhin war eine Verharmlosung der Entwicklung von offizieller Seite zu vernehmen. Herbert Hoover erklärte beispielsweise in seiner Rede zur Nominierung als republikanischer Kandidat, daß Amerika kurz vor dem endgültigen Sieg über die Armut stehe – das Armenhaus werde verschwinden. Im November 1928 folgte ein weiterer Kursanstieg, der noch deutlicher als zuvor zu einer Steigerung des Aktienvolumens führte. Dies zeigte sich daran, daß bereits über fünf Millionen Aktien an einem Tag gehandelt wurden. Die Börsenkredite explodierten, und die Zinssätze der Banken bewegten sich um neun Prozent. Ein Einbruch Anfang Dezember 1928 konnte den Hoffnungen auf eine weitere steigende Entwicklung keinen Abbruch tun. Inzwischen versuchte die *Federal Reserve Bank*, die Kreditausweitung für Aktienkäufe zu beschränken, indem langfristige Kredite hierfür gesperrt wurden. Die Anleger stiegen deshalb auf die noch riskantere kurzfristige Verschuldung um, wobei die Zinssätze schnell von zwölf auf 20 Prozent stiegen. Nach einer kurzen Periode der Stagnation begann im Juni 1929 erneut ein Anstieg der Kurse. Wie heute, so glaubten die Amerikaner damals, daß es nur darauf ankomme, bei Kursverlusten nicht zu verkaufen, da der Rückgang schnell wieder aufgeholt werde. Von offizieller Seite wurde die Spekulation immer weiter angeheizt: Der Finanzmann J. Raskob schrieb beispielsweise einen Artikel unter der Überschrift »Jeder kann reich werden«. Darin hieß es, jeder müsse nur 50 Dollar im Monat an der Börse anlegen und könnte innerhalb von 20 Jahren damit ein Vermögen von 80 000 Dollar aufbauen und daraus ein monatliches Einkommen von 400 Dollar erzielen. Anfang September 1929 gaben die Aktien nach, doch eine Erholung im Oktober 1929 beruhigte die Anleger wieder. Fatalerweise erreichten die Maklerkredite inzwischen den Rekordstand von 6,8 Milliarden Dollar. Die Experten widersprachen sich zunehmend bezüglich der weiteren Wirtschaftsentwicklung. Ängste wurden jedoch weiterhin beruhigt. So hielt zum Beispiel Professor Irving Fisher noch am

17. Oktober 1929 eine Ansprache, in der er betonte, daß in wenigen Monaten der Aktienmarkt eine noch bessere Anlage, höher als heute, sein werde. Es gab keine Erholung mehr, und am 22. Oktober begannen die Kurse ohne erkennbaren Grund plötzlich zu fallen. Am nächsten Tag setzte sich das sinkende Niveau weiter fort, und es wurden mehr als sechs Millionen Aktien verkauft, bei denen es sich um Zwangsverkäufe der auf Kredit gekauften Aktien handelte. Von Expertenseite wurde jedoch weiter beruhigt. Der Teilhaber des Bankhauses *Morgan*, Thomas W. Lamont, meinte beispielsweise, daß es sich nur um eine technische Korrektur und keineswegs um eine tiefgreifende Ursache handle. Innerhalb des Handelstages brachen die Kurse massiv ein, und am darauffolgenden Montag setzte ein weiterer Sturz ein, der sich am Dienstag, dem 29. Oktober 1929, drastisch fortsetzte. An diesem Tag hatte die Weltwirtschaftskrise begonnen, und die Börsenkurse verloren innerhalb weniger Jahre über 90 Prozent (Abb. 7). Deshalb brach die Kaufkraft der Bevölkerung ein, und Unternehmens- und Bankpleiten vernichteten das Vermögen der kleinen Sparer.

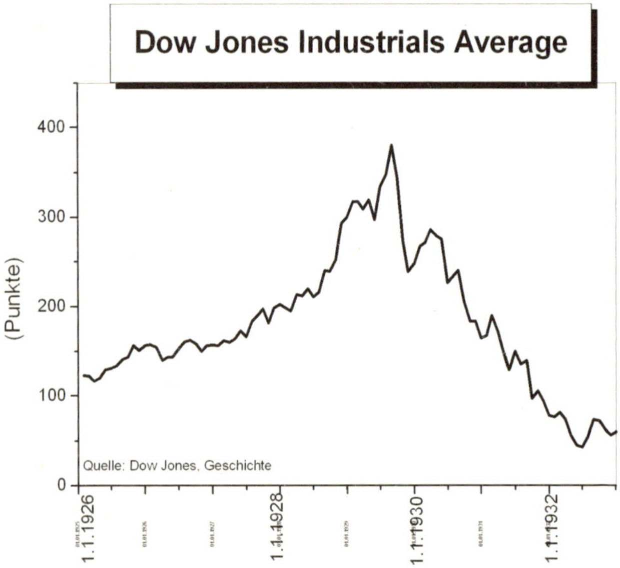

Abb. 7: Dow Jones Aktienindex, Börse USA vor und nach dem Börsencrash 1929

Deutschland: Für das Deutsche Reich waren vor allem zwei Faktoren für die Ausweitung des Zusammenbruchs entscheidend: Goldstandard und Verschuldung.

Über den Goldstandard war Deutschland an das Weltwährungssystem angebunden und wurde dabei schnell von der Krise erfaßt. Zusätzlich war nach dem Ersten Weltkrieg eine massive Verschuldung in den USA aufgebaut worden. Dabei nahmen die Banken kurzfristige Kredite in Amerika, um das Geld langfristig zu verleihen. Wenn der Rückzahlungstag näherrückte, wurden neue kurzfristige Kredite genommen. Ab 1927 kam es zu ersten Krisenerscheinungen. Der Zahlungsmittelumlauf ging stetig zurück, es kam zu Konkursen und wachsender Arbeitslosigkeit. Im Jahr 1930 erreichte die ausländische Verschuldung mit 22 Milliarden Mark einen Höhepunkt. Davon war die Hälfte kurzfristige Schulden. In der Krise wurden die Kredite zunehmend zurückgezogen, und deutsches Währungsgold floß nach Amerika. Der Zusammenbruch der Österreichischen Kreditanstalt am 11. Mai 1931 verursachte eine weltweite Angst um Kapitalanlagen in Deutschland. Die Folge war eine Kapitalflucht, und innerhalb weniger Wochen büßte die Reichsbank Gold und Devisen im Wert von zwei Milliarden Reichsmark ein. Ab Juli 1931 zog sich das Geldkapital vom Markt massiv zurück, da ausländische und deutsche Kunden ihr Geld von den Bankkonten abhoben. Besonders betroffen davon war die Darmstädter- und Nationalbank. Das Kapital der Bank setzte sich aus 2,18 Milliarden Auslands- und nur 120 Millionen Inlandsverschuldung zusammen. Am 13. Juli 1931 stellte die Bank deshalb alle Zahlungen ein. Gleichzeitig übernahm die Regierung die Garantie für die Bank und ordnete für alle Kreditinstitute Bankfeiertage an, was schnell auch für andere Banken galt.

Grund für die Ausbreitung der Krise: Der Zusammenbruch bewirkte eine Rückkehr zum Bargeld. Amerika versuchte, massiv Geld aus allen Ländern abzuziehen, weshalb es zu einer Ausbreitung der Krise über die ganze Welt kam. Die tiefere Ursache für die schnelle Verbreitung der Krise lag jedoch in der Golddeckung des Geldes. Mit dem Goldindex waren alle Währungen weltweit vom Goldpreis abhängig. Hinzu kam, daß dieser Preis falsch angesetzt war. Obwohl der Preisindex seit dem Ersten Weltkrieg durchschnittlich um 50 Prozent gestiegen war, wurden die Goldstandards aufgrund der alten Preisindizes festgelegt. Bezüglich des Goldstandards waren damit die Preise um etwa 40 Prozent überbewertet. Damit war der Goldpreis zu niedrig festgesetzt, und die Goldproduktion wurde unrentabel. Das Angebot an dem Edelmetall sank, und die Golddeckung ging stetig zurück, obwohl die wachsende Wirtschaft eine Ausweitung des Geldumlaufs benötigt hätte. Das Auftreten der ersten Spannungen hatte einen Rückzug des Goldes zur Folge, und die Notenbanken mußten umlaufendes Geld einziehen, um den Goldstandard aufrechtzuerhalten. Die Preise verfielen. Gleichzeitig wurde die Entwicklung durch eine Korrektur der Warenpreise zum Gold weiter angeheizt. Ein nochmaliger Verfall der Warenpreise um 40 Prozent war die Folge.[11]

Auswirkungen der Krise

Wie schnell die Entwicklung vom Boom zur tiefen Depression vonstatten ging, zeigte sich damals: Innerhalb von sieben Monaten waren Amerika und die übrige Welt in eine Depression geschlittert. Die Arbeitseinkommen sanken drastisch. In Kanada reduzierten sich die Löhne beispielsweise, je nach Region, zwischen 49 und 71 Prozent. Gleichzeitig sanken die Warenpreise durch die entstandene Deflation. Getreide, das 1929 noch zu 1,61 Dollar verkauft wurde, war 1932 nicht einmal mehr für 38 Cent zu veräußern. In der Deflation lohnte sich nicht einmal mehr die Ernte, da die Selbstkosten für den Anbau höher waren als der zu erwartende Gewinn. Hier zeigte sich die fatale Eigenschaft einer deflationären Abwärtsspirale, weil durch den Geldmangel das Getreide teilweise gar nicht mehr zu verkaufen war. Die Erlöse sanken, während die Nebenkosten, wie zum Beispiel der Transport, relativ hoch blieben. Wenn zum Beispiel jemand einen Stier verkaufen wollte, waren die Kosten für den Transport zum Markt höher als der zu erwartende Gewinn. Durch mangelnde landwirtschaftliche Nutzung wegen der Krise und des Ausbruchs einer Dürre wurden große Flächen in Nordamerika in eine Wüste verwandelt. Neben den Warenpreisen brachen auch die Boden- und Immobilienpreise ein. Häuser oder Boden verloren 90 Prozent ihres Wertes, den sie vor der Krise gehabt hatten. Verheerend waren die Folgen für den Arbeitsmarkt. Da sich die Gütererzeugung wegen der niedrigen Preise nicht mehr lohnte, wurden Beschäftigte entlassen. Auf zwei Stellen einer kanadischen Obstplantage bewarben sich beispielsweise über 200 Menschen. Der Lohn wurde dadurch auf zehn Cent je Stunde gedrückt. Es gab in Kanada keinerlei Unterstützung von Bedürftigen, weder Arbeitslosengeld noch Sozialhilfe. Auch die Arbeitsbedingungen wurden immer weiter verschärft. So wurden viele Arbeiter nur noch auf Abruf beschäftigt, Pausen oder Vergünstigungen wurden restlos gestrichen. Oftmals mußten Beschäftigte unterhalb der gesetzlichen Mindestlöhne arbeiten. Auf der ganzen Welt wurden Handelsbeschränkungen erlassen, der Welthandel brach zusammen. Die Regierungen ignorierten zum großen Teil die Vorkommnisse. Das Interesse der Menschen an Politik erreichte ein Minimum. Politische Zeitungen waren nicht zu verkaufen. In den USA kam es zu einer drastischen Zunahme der Kriminalität: Bank- und Raubüberfälle waren an der Tagesordnung. Die Gewinner der Deflation waren diejenigen, die ihr Geld rechtzeitig in Sicherheit gebracht oder Arbeitsstellen in starken Industriebereichen behalten hatten. Diese konnten die sinkenden Preise für günstige Käufe nutzen. Erst der Zweite Weltkrieg beendete die Krise. Im Jahre 1941 ging die Depression durch die anlaufende Kriegsindustrie zu Ende.

Verhältnisse in Deutschland

Nach den USA war das Deutsche Reich am stärksten von der Krise betroffen. Der Grund dafür lag darin, daß etwa drei Viertel der kurz- bis mittelfristigen Auslandskredite für langfristige Investitionen eingesetzt worden waren. Durch den deflationären Prozeß sank das Bruttosozialprodukt in der Weltwirtschaftskrise 1929 um fünf Prozent, 1930 um 4,2 Prozent, 1931 um 12,1 Prozent und 1932 um nochmals fünf Prozent. Deshalb mußten immer mehr Betriebe den Bankrott melden, die Zahl der jährlichen Konkurse verdoppelte sich zwischen 1928 und 1931. Es entstand ein Teufelskreislauf aus sich verringernder Kaufkraft, zurückgehender Nachfrage, sinkender Produktion und weiteren Entlassungen, der auch die Dauerkrise in der Landwirtschaft verstärkte. Viele kleine und mittlere Bauern konnten ihre Schulden nicht mehr abbezahlen und gingen finanziell zugrunde. Besonders die Maßnahmen der damaligen Regierung Brüning waren fatal, da sie, um einen ausgeglichenen Haushalt vorzuweisen, die direkten Steuern und indirekten Abgaben erhöhte. Die Massenarbeitslosigkeit überstieg bei weitem die Möglichkeiten der Arbeitslosenversicherung. Deshalb wurden die staatlichen Sozialzuwendungen zurückgefahren und die Löhne und Gehälter im öffentlichen Dienst gesenkt. Es zeigte sich schnell, daß die Maßnahmen der Regierung die Krise weiter verschärften. Es kam zu einer deflationären Abwärtsspirale, weil sich durch die Absenkung der Einkommen die Kaufkraft verringerte. Dadurch ging die Produktion weiter zurück, während die Arbeitslosigkeit rapide anstieg. Auf die Arbeitslosenunterstützung war zu dieser Zeit kaum Verlaß, und je länger die Krise anhielt, desto mehr Arbeitslose fielen spätestens nach 26 Wochen (Über-40-Jährige nach 39 Wochen) aus der bescheidenen Arbeitslosenversicherung heraus. Danach erhielten sie bis zu 39 bzw. 52 Wochen eine deutlich reduzierte, bedürftigkeitsgebundene Krisenunterstützung und schließlich die winzige, rückzahlungspflichtige kommunale Wohlfahrtsunterstützung. Von den 4,7 Millionen Arbeitslosen im Frühjahr 1931 bezogen 43 Prozent Arbeitslosengeld, 21 Prozent Leistungen der Krisenfürsorge und 23 Prozent Zuwendungen der Wohlfahrtsunterstützung. Der Rest erhielt überhaupt keine Unterstützung. Auch die Ersparnisse gingen zu dieser Zeit verloren oder waren gesperrt. Nach Beginn der Krise konnten die Bankkunden nur noch in beschränktem Umfang über ihr Guthaben verfügen. Durch den Goldstandard war die Regierung nicht in der Lage, dem Markt zusätzliches Geld zur Verfügung zu stellen. Als erstes Land koppelte England deshalb das Pfund Sterling am 21. September 1931 vom Goldstandard ab, um es um 20 Prozent abzuwerten. Damit wurde die Lage für Deutschland noch ungünstiger, weil der Wert der Reichsmark im Ausland stieg und deutsche Produkte ihre Konkurrenzfähigkeit auf dem Weltmarkt verloren. Brüning entschloß sich deshalb zu einer weiteren Verschärfung des Deflationsdrucks: Nach der Notverordnung vom 6. Oktober 1931 konnten Arbeitslose nur noch 20 statt 26 Wochen Leistungen erhalten. Die Folge der Maßnahme zeigte sich in einem erneuten Anstieg der Arbeitslosigkeit, und Ende Februar 1932 gab es 6,1 Millionen registrierte Erwerbslose, mit den nicht gemeldeten Arbeitslosen waren insgesamt über 7,6 Millionen Menschen ohne Beschäftigung.

Zwei Lichtblicke in der Depression

Zur Zeit der großen Weltwirtschaftskrise in den 1930er Jahren wurden verschiedene Versuche der Umsetzung von stabilem Geld unternommen. Dabei spielte das sogenannte Wära-Tauschgeld in Deutschland die Hauptrolle. Bereits bei Beginn der Wirtschaftskrise im Jahr 1929 wurde in Erfurt eine Tauschgesellschaft gegründet, innerhalb derer die Mitglieder ausschließlich mit Wära den Handel abwickelten. Diese Tauschwährung war nach den Vorschlägen von Silvio Gesell konstruiert. Sehr schnell breitete sich das neue Geld auf Deutschland aus.

Wära-Wunder im Bayerischen Wald

Die Wära brachte beispielsweise in Schwanenkirchen, einem Dorf mit damals 500 Einwohnern am Rande des Bayerischen Waldes, für kurze Zeit Arbeit und Wohlstand zurück. Im Jahre 1930 wandte sich der Bergbauingenieur Hebecker, Besitzer eines Braunkohlebergwerkes aus Schwanenkirchen, an die Zentrale der Wära-Tauschgesellschaft. Der Betrieb seines gerade erworbenen Bergwerkes war bereits im Jahre 1927 wegen Unrentabilität eingestellt worden. Von den Banken erhielt er kein Geld, jedoch wurde ihm von der Tauschgesellschaft ein Kredit von 50 000 Wära eingeräumt. Das Unternehmen begann wieder zu arbeiten, und 60 Arbeiter wurden zu 90 Prozent in Wära ausbezahlt, der Rest war Reichsmark, um Geld für Behörden und Geschäfte zu haben, die keine Wära annahmen.

Der Absatz der Kohle war gesichert, da die 16 Kilometer entfernten Sirus-Werke in Deggendorf täglich 1500 Zentner Kohlen brauchten und sich dadurch hohe Transportkosten sparten. Zuerst waren viele Geschäfte skeptisch und nicht bereit, an der Tauschgesellschaft teilzunehmen. Doch Hebecker ließ sich nicht entmutigen und veranlaßte, daß die benötigten Waren von Mitgliedsfirmen geliefert und in der Bergwerkskantine verkauft wurden. Schnell erkannten die Unternehmer, daß ihnen ein Geschäft entging, und waren bereit, Wära anzunehmen. In den Kassen fand man fast nur noch Wära-Scheine. Die Tauschmittelscheine kreisten mit großer Geschwindigkeit, es entstand trotz Wirtschaftskrise eine Hochkonjunktur. Jedoch kam bald das Ende. Die Notenbank hatte Angst, daß die Reichsmark verdrängt würde, und verbot die Wära. Das Bergwerk wurde geschlossen, und über die »Wära-Insel« brachen wieder Krise und Arbeitslosigkeit herein.[12]

Das Wunder von Wörgl

Wie die Wära in Deutschland, so wurden Versuche mit zinsfreier Währung auch in Österreich durchgeführt. Weltweit bekannt wurde hier das Experiment von Wörgl, einer Gemeinde in Tirol. Der damalige Bürgermeister Unterguggenberger erkannte das Elend seiner Gemeinde in der Weltwirtschaftskrise 1932. Zunehmend erlahmten Produktion und Handel, und sogar die Landwirte konnten kaum noch etwas absetzen, weil niemand Geld hatte, um die Nachfrage zu generieren. Die Zahl der Arbeitslosen wuchs in ungeahnte Höhen und Gemeindesteuern konnten nicht mehr gezahlt werden.

Unterguggenberger schlug nun dem Gemeinderat vor, »Arbeitsbestätigungen« herauszugeben, die durch aufzuklebende Marken umlaufgesichert sein sollten. Der Bürgermeister schaffte es, die große Mehrheit Wörgls von der Idee zu überzeugen. Pro Kopf wurden zwei Schilling Arbeitswertscheine ausgegeben, während offiziell 153 Schilling von der Notenbank ausgegeben waren. Innerhalb kurzer Zeit kam wieder Leben in den Ort. Bereits kurz nach Ausgabe des Notgeldes füllte sich die Gemeindekasse mit rückständigen Steuern, und es konnte das erste Bauvorhaben, die Kanalisierung zweier Straßen, umgesetzt werden. Später erfolgten der Bau und die Asphaltierung von Straßen und Wegen. Sogar eine Skisprungschanze wurde gebaut. Die Lohnzahlung erfolgte ausschließlich in Arbeitswertscheinen. Um das Vertrauen der Bevölkerung zu erhalten, war die Tauschwährung ganz durch Schilling gedeckt und voll konvertibel. Augenzeugenberichte hielten den Aufschwung fest und berichteten gar davon, daß Steuern im voraus entrichtet wurden, um dem Markenkleben zu entgehen. Umfragen ergaben die volle Zufriedenheit der Menschen und belegten, daß das Geld zu keinem Zeitpunkt angezweifelt wurde, da es voll durch Schilling gedeckt war. Besonders die Geschäftsleute erklärten begeistert die belebende Wirkung auf den Handel. Bemängelt wurde lediglich, daß die Marken besser haften sollten.

Im Sommer 1933 besuchte der spätere französische Ministerpräsident Daladier Wörgl. 1935 hielt Daladier eine Rede auf dem Kongreß der Radikalsozialisten. Dabei wies er darauf hin, daß in

Frankreich die Macht über Wirtschaft und Politik in den Händen von nur 200 Familien liege. Er führte das Beispiel Wörgl an, um ein Geldwesen zu schaffen, das diese Mißstände sowie Inflation und Deflation beseitigen könnte.

Das Ende des Experimentes

Wie in Deutschland mit der Wära, so schritten auch hier die Behörden ein und verboten das Arbeitswertgeld am 15. September 1933. Dabei wurde auf das alleinige Recht der Notenbank zur Geldemission hingewiesen. Damit war auch in Österreich der Versuch, aus dem fehlerhaften System auszusteigen, endgültig gescheitert.[13]

Statt die positiven Erkenntnisse der Geldexperimente zu nutzen, um die Weltwirtschaftskrise zu beenden, beharrten die Länder weiter auf dem Goldstandard. Da Gold heute immer wieder als ideales Investment betrachtet wird, ist das Goldbesitzverbot von Interesse, das in Amerika zur Bekämpfung der Krise erlassen wurde.

Das Goldbesitzverbot in Amerika

Während der Weltwirtschaftskrise 1930 bis 1939 wurde am 9. März 1933 vom damaligen amerikanischen Präsidenten Roosevelt ein Gesetz erlassen, das den privaten Goldbesitz unter Strafe stellte.

Es wurde darin beschrieben, daß eine ernste Krise bestehe und das Horten von privatem Gold und Silber eine Gefahr für den Frieden, die Gleichberechtigung und den Wohlstand der USA darstelle. Dies erfordere sofortige Maßnahmen, um das Interesse des Volkes zu schützen. Deshalb wurde verlautbart, daß Gold- und Silberbesitz verboten sei und alles Gold und Silber innerhalb 14 Tagen zum offiziellen Preis an die Regierung abgeliefert werden müsse. Alle Schließfächer bei Banken und Finanzinstituten müßten versiegelt werden. Diese durften nur im Beisein eines Regierungsagenten geöffnet werden. Jeder Transport der Edelmetalle innerhalb der Grenzen der USA und in andere Länder wurde verboten. Dieses Gesetz hatte bis in die 1970er Jahre hinein Gültigkeit.

Hintergrund des Gesetzes war möglicherweise der, daß der Staat Gold einsammeln wollte, nicht zuletzt mit Blick auf einen neuen weltweiten Goldstandard, wie er im Bretton-Woods-System später verwirklicht wurde. Die Folgen für die goldbesitzende Bevölkerung war durchgreifend: Gold wurde damit von einem Moment auf den anderen praktisch für die normale Bevölkerung entwertet. Wer nach 14 Tagen Frist entdeckt wurde, Gold zu besitzen, wurde mit bis zu zehn Jahren Gefängnis bestraft.

Selbst wer Edelmetalle versteckte, konnte lange Zeit nichts mehr damit anfangen, da er sonst Gefahr lief, erwischt zu werden. An diesem Beispiel wird deutlich, daß der Staat sehr schnell einen Einfluß auf die Sicherheit einer Vermögensanlage nehmen kann und dies in einer Krise auch tut.

Der Goldstandard hatte furchtbare Auswirkungen auf den Verlauf der Wirtschaftskrise. Damit war die Zeit der großen Weltwirtschaftskrise bedeutend schlimmer für die Bevölkerung als beispielsweise die Hyperinflation des Jahres 1923. Erst nach langem Zögern und unter dem Druck der Depression wurde der Goldstandard in Europa Zug um Zug aufgegeben.

Das Ende des zweiten Goldstandards unter der großen Weltwirtschaftskrise

Österreich war durch die Bankenkrise und kurzfristige Kredite als eines der ersten europäischen Länder von der großen Weltwirtschaftskrise betroffen. Die österreichische Nationalbank erhöhte den Banknotenumlauf Ende Mai 1931 um 25 Prozent, was eine Kapitalflucht auslöste. Um dieser zu begegnen, wurden der Goldstandard aufgehoben und Devisenkontrollen eingeführt. In Deutschland breitete sich die Krise ähnlich aus: Da die Anleger begannen, Kapital aus den Banken abzuziehen, konnte die Notenbank immer weniger die Geschäftsbanken mit Liquidität versorgen. So gingen die Goldreserven zurück, und im Juni 1931 waren nur noch 40 Prozent der Währung goldgedeckt, während dies noch im Mai 1931 50 Prozent gewesen waren. Um den Goldstandard zu verteidigen, wurde die Kreditvergabe der Reichsbank an die Geschäftsbanken eingeschränkt. Die Folge war eine Bankenkrise. Danach wurden der Goldstandard aufgehoben und eine Devisenbewirtschaftung eingeführt. England war zuerst nicht so stark von der aufkommenden Krise betroffen, da die Verknüpfung mit der Industrie nicht so umfassend war. Dennoch gerieten mehrere Geschäftsbaken in eine Krise. Die Verbindlichkeiten der Bank von England überstiegen schnell deren liquide Reserven. Seit 1925 hatte die Notenbank bereits mit Goldabflüssen zu kämpfen, die durch Einkünfte aus Zinsen, Dividenden oder Tourismus gegenfinanziert wurden. Nach Einsetzen der Krise wurden diese Einkünfte immer weniger, und auch die Leistungsbilanz Englands verschlechterte sich zusehends, was die Goldzuflüsse noch weiter verringerte. Dadurch konnte der Kurs der englischen Währung immer schlechter gehalten werden. Nach einer Kapitalflucht wurde im September 1931 der Goldstandard aufgehoben, was einen Wertverlust des Pfundes zum Dollar von einem Drittel innerhalb von drei Monaten nach sich zog. In anderen Ländern war die Entwicklung ähnlich, und 1932 hatten bereits 22 Länder die Goldkonvertibilität aufgehoben. Die Länder, die den Goldstandard beibehielten, hatten mit einem Wechselkursanstieg und damit verbundenen Exportschwierigkeiten zu kämpfen. Im April 1933 setzte deshalb auch Amerika die Goldkonvertibilität aus – dem schlossen sich die meisten mittelamerikanischen Staaten, Argentinien und Kanada an. Es zeigte sich: Je früher sich Länder vom Goldstandard getrennt und Abwertungen zugelassen hatten, desto schneller setzte die wirtschaftliche Erholung wieder ein. Durch niedrigere Zinsen nahm die Staatsschuld weniger rasch zu, die Steuern mußten nicht erhöht werden und die Staatsausgaben zur Ankurbelung des Wirtschaftswachstums konnten gesteigert werden. Weiterhin regten die niedrigeren Zinsen Investitionen an, und durch die Abwertung stiegen die Exporte. Eine frühzeitigere Aufgabe des Goldstandards hätte die Auswirkungen der Weltwirtschaftskrise und deren Verbreitung erheblich abgeschwächt.[14]

Der Zweite Weltkrieg

Tatsächlich lassen sich deutliche Parallelen zwischen der damaligen Weltwirtschaftskrise des Schuldensystems und dem später folgenden Weltkrieg zeigen: Zum einen wurde durch die Weltwirtschaftskrise vor allem in Deutschland eine gewaltige Massenarbeitslosigkeit erzeugt, zum anderen war das politische System, nach dem verlorenen Ersten Weltkrieg und den hohen Reparationsforderungen der Siegermächte, äußerst instabil.

Die Bevölkerung in Deutschland verlor bald jede Hoffnung auf eine Besserung der immer schlimmer werdenden Lage, was den radikalen Parteien wie der NSDAP, aber auch den Kommunisten deutlichen Zuwachs bescherte. Sieht man sich den Stimmenerfolg der Nationalsozialisten an, so ist eine deutliche Parallele zur Entwicklung der Arbeitslosigkeit zu erkennen (Abb. 8).

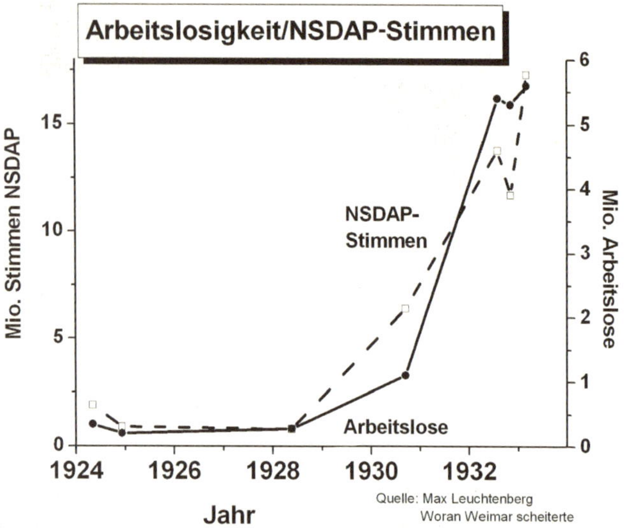

Abb. 8: Entwicklung der Arbeitslosenzahl und der Stimmen für die NSDAP

Daneben war die wirtschaftliche Entwicklung in den USA ähnlich: Die Wirtschaftsleistung sank drastisch, und die politschen Entscheidungsträger konnten die Deflation nicht bekämpfen (Abb. 9). Nach einer kurzfristigen Verbesserung der Lage verschlimmerte sich die Entwicklung bis Ende der 1930er Jahre erneut.

Auffällig ist, daß die Wirtschaftskrise in den USA innerhalb weniger Monate endete: Im Jahr 1939 ging die Krise plötzlich in eine Hochkonjunktur über. Dies ist wahrscheinlich darauf zurückzuführen, daß schon vor dem eigentlichen Ausbruch des Zweiten Weltkrieges, im September 1939, in den Vereinigten Staaten großangelegte Rüstungsprogramme wieder hochrentable Investitionsmöglichkeiten für das Kapital schufen, weshalb die deflationäre Abwärtsspirale durchbrochen wurde. Das eben Gesagte würde al-

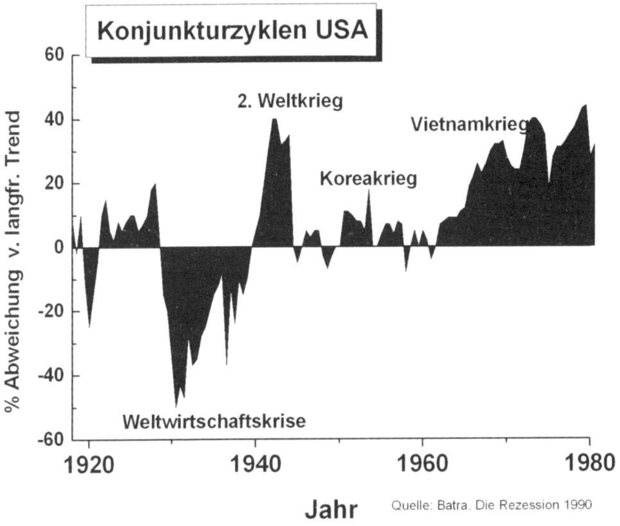

Abb. 9: Wirtschaftliche Entwicklung in den USA

lerdings im Umkehrschluß bedeuten, daß die Vereinigten Staaten nur durch den Zweiten Weltkrieg und den hierdurch geschaffenen Rüstungs-Konjunkturboom es überhaupt geschafft haben, aus der Krise wieder herauszukommen.

Leider lernte man aus den Fehlern der Geschichte auch nach dem Zweiten Weltkrieg nichts, und man fügte den Fehlern der Vergangenheit wieder neue hinzu. Einer davon war die sogenannte »Währungsreform« in Deutschland, die gar keine Reform, sondern nur ein Währungsschnitt war. Man hat die damalige Chance leider nicht dazu genutzt, ein neues, fortschrittliches Währungssystem zu etablieren. Das alte, zerrüttete Geld wurde gegen cin ebenso fehlerhaftes neues ausgetauscht – was uns heute wieder die gleichen Probleme bescheren wird wie zur Zeit der Weltwirtschaftskrise.

Bedeutung für die heutige Zeit

Die damalige Entwicklung ist für die heutige Zeit vor allem von Interesse, da sich deutliche Parallelen zeigen: Die Krise wurden von offizieller Seite geleugnet, und die Wirtschaftsexperten irrten fast alle. Auch kündigte sich das Unheil für die Masse nicht vorher an, weshalb die Anleger von der Wirtschaftskrise überrascht wurden. Vor dem Crash waren schon deflationäre Anzeichen gegeben, die jedoch nicht beachtet wurden. Der Hauptgrund für die Krise war in der Überschuldung der Volkswirtschaften und einer Aufblähung der Aktienkurse zu sehen. Über die festen Wechselkurse im Goldstandard breitete sich die Krise weltweit aus. Vor allem die finanziellen Abhängigkeiten der Nationen wirkten sich für alle schädlich aus. Der Welthandel brach praktisch zusammen, was vor allem die Exportwirtschaft in Bedrängnis brachte. In der Krise wurde wieder überwiegend mit Bargeld bezahlt, da Bankguthaben unsicher geworden waren und die Verfügung darüber eingeschränkt wurde. Anders als in der Inflation zählte nur Geldkapital, Sachkapital verfiel im Preis. Die Depression machte einen normalen Gelderwerb mit regelmäßigem Einkommen unmöglich, und auf Arbeitslosengeld oder Sozialhilfe war kein Verlaß mehr. Die Regierung unterstützte die Krise durch eine deflationäre Politik (Sparmaßnahmen, Lohnsenkungen). Hoffnung geben aber die beiden Währungsexperimente, die damals realisiert wurden und zu einer schnellen Besserung der Lage führten.

Im Vergleich zur Hyperinflation von 1923 läßt sich sagen, daß die Deflation der 1930er Jahre wesentlich schlimmer für die Menschen war. In der Inflation kam es nicht zu Massenentlassungen und einem verbreiteten Elend, wie das in der Deflation der Fall registriert wurde. Auch die Zeitdauer dieser Krise war bedeutend länger als die relativ kurze Periode der Hyperinflation. Selbst der Besitz von Gold konnte nicht wirklich helfen, da zum einen Geld der entscheidende Faktor war und zum anderen beispielsweise in Amerika ein Goldbesitzverbot verhängt wurde, das bis in die 1970er Jahre hinein gültig blieb. Der Besitz von Edelmetall wurde damit zu einem unkalkulierbaren Risiko. Radikale politische Strömungen konnten sich in der Deflation etablieren. In einer Deflation entstehen darüber hinaus durch die Verarmung sehr schnell kriegerische Stimmungen, die sich später in großen bewaffneten Konflikten entladen können. Hierzu trägt auch bei, daß oftmals nur noch durch ein Ankurbeln der Rüstungsindustrie wieder Arbeitsplätze geschaffen werden können. Wie wir später noch sehen werden, ist eine vergleichbare deflationäre Entwicklung auch heute wieder möglich, da ähnliche Ungleichgewichte bestehen.

»Die Schwierigkeiten liegen nicht so sehr in den neuen Gedanken, als in der Befreiung von den alten.«
John Maynard Keynes

Fehler Nr. 4 – Die Währungsreform 1948

Nach dem Zweiten Weltkrieg war die Wirtschaft in Deutschland weitgehend zerstört. Das Geld hatte seinen Wert durch Inflation und Kriegszerstörung verloren. Deshalb waren die Preise größtenteils staatlich festgelegt. Weil sich die Produktion unter diesen restriktiven Bedingungen nicht lohnte, reduzierte sich das Angebot weiter, und es bildete sich ein Schwarzmarkt mit hohen Preisen heraus. Unter Führung der USA entschlossen sich die Westmächte, im Westsektor eine neue Währung zu begründen, die wieder die Tauschmittelfunktion übernehmen könnte. Erstaunlich war, daß die neuen Geldscheine ab November 1947 nicht in Europa, sondern in den USA gedruckt und vom 11. bis 15. Juni heimlich auf die elf deutschen Landeszentralbanken verteilt wurden. Wichtig zu wissen ist, daß schon 1946 dieses Programm beschlossen und ein Abwertungsverhältnis von 10:1, gekoppelt mit einem Lastenausgleich, festgelegt wurde. Der Lastenausgleich sollte durch Zwangshypotheken und Kapitalabgaben derjenigen finanziert werden, die ohne Verlust von Sachbesitz den Krieg überstanden hatten. Das heißt, daß sowohl Geld- als auch Immobilienbesitz von Verlusten betroffen waren. Die Aktion verlief weitgehend im Geheimen, da erst am Abend des 18. Juni 1948 die Einzelheiten des Geldumtausches bekanntgegeben wurden. Es bestand also keine Möglichkeit für die Sparer, sich auf den Währungsschnitt einzustellen. Ab dem 20. Juni 1948 war die Reichsmark plötzlich ungültig, womit auch alle Schulden des Reiches erloschen. Die Anleger, die ihr Vermögen dem Staat anvertraut hatten, mußten deshalb kräftige Verluste verbuchen. Hierbei zeigte sich der Nachteil von Geldforderungen gegenüber Bargeld, da dieses deutlich leichter und zu besseren Konditionen umgetauscht werden konnte. 60 D-Mark wurden für jeden Einwohner im Austausch gegen 60 Reichsmark abgegeben. Bemerkenswert war, daß das Kleingeld, auf ein Zehntel seines Nennwertes herabgesetzt, im Umlauf blieb. Letztlich wurden, inklusive des Buchgeld-Umtauschs, 100 Reichsmark gegen 6,50 D-Mark eingetauscht. Bankguthaben wurden allerdings besonders zögernd eingewechselt, da derjenige, der mehr als 5000 Mark anmeldete, eine Unbedenklichkeitsbescheinigung vom Finanzamt brauchte und dazu Einkommensnachweise und Steuererklärungen vorlegen mußte. Der Betrag wurde selbst dann nicht vollständig umgewechselt und ausgegeben, sondern landete auf einem Sperrkonto. Am Ende wurden dann aus 1000 Reichsmark Bankguthaben nur noch 65 D-Mark. Buchgeld bedeutete also selbst in Erwartung eines Währungsschnittes gegenüber dem Bargeld einen großen Nachteil. Renten, Lohn- und Mietforderungen wurden 1:1 umgestellt. Auch im Handel hatte das inzwischen aufgekommene Gerücht von einem bevorstehenden Währungsschnitt deutliche Konsequenzen: So verschwanden schon vor dem 20. Juni 1948 die Waren aus den Läden. Nach Einführung der D-Mark waren die Schaufenster demgegenüber sofort gefüllt, weil jeder das neue Geld durch Verkäufe verdienen wollte, und die Preise begannen durch den Ausverkauf zu steigen. Mit der Währungsreform trat das »Gesetz über Leitsätze für die Bewirtschaftung und Preispolitik nach der Geldreform« in Kraft, das vor allem die freie Preisbildung, mit den Ausnahmen beispielsweise von Kohle, Stahl, Düngemitteln und Treibstoff, regelte, für die Höchstpreise von den Behörden festgesetzt wurden. Warenbesitz versprach in dieser Phase deutliche Gewinne. Interessant ist es hier zu untersuchen, wer an dem Währungsschnitt verdiente und wer verlor: Die Währungsreform begünstigte dabei einseitig die Besitzer von Sachwerten gegenüber den Inhabern von Geldwerten. Um diesen Umstand wenigstens teilweise auszugleichen, trat im September 1952 das Lastenausgleichsgesetz in Kraft, das vor allem durch Abgaben auf Grund- und Immobilienbesitz finanziert wurde.[15]

Lastenausgleich: Die Grundlage war ein Gesetz, das unter dem Namen »Soforthilfegesetz« bekannt wurde und im August 1949 in Kraft trat. Die Hilfe kam nur denjenigen zugute, die durch den

Krieg materiellen Schaden erlitten hatten, und bestand aus einer monatlichen Unterhaltshilfe von 70 Mark. Diese mit Rechtsanspruch ausgestattete Rente war nicht höher als Leistungen, die bis dahin an die Vertriebenen ausgezahlt worden waren. Bezahlen mußten diese Maßnahme die Grund- und Immobilienbesitzer, die durch zwei- bis dreiprozentige Vermögensabgaben und eine Hypothekengewinn-Abgabe belastet wurden. Vertriebene bekamen von dem Betrag für ihren nachgewiesenen Schadensbetrag eine umgekehrt proportionale Entschädigung, gestaffelt von 95 Prozent (für Schäden unter 5000 Reichsmark) bis 6,5 Prozent (für Schäden über eine Million Reichsmark). Die Beträge des Lastenausgleichs beliefen sich von 1949 bis 1991 auf insgesamt 121,2 Milliarden DM (61,9 Milliarden Euro).[16]

Bedeutung für die heutige Zeit

Aus der letzten Währungsreform von 1948 können wichtige Schlußfolgerungen gezogen werden. So wurde die Reform heimlich vorbereitet, es gab keine öffentliche Ankündigung dafür. Geldvermögen wurde 1:10 abgewertet, wobei Bargeldbesitz deutlich günstigere Umtauschsätze erzielte als Vermögen auf Bankkonten. Bargeld wurde sofort umgewechselt, Guthaben erst nach langer Zeit – und zudem mit vielen Nachweispflichten. Sehr ungünstig erwiesen sich Wertpapiere wie Anleihen, da diese schnell völlig wertlos wurden. Immobilienbesitzer gehörten zu den Gewinnern. Allerdings wurden diese im Lastenausgleich mit einer Vermögensabgabe belastet. Der Besitz von Edelmetall (soweit nicht verboten) konnte ebenfalls vorteilhaft sein. Gewinner waren vor allem auch die Unternehmer, da sie sofort von der hohen Nachfrage nach dem verlorenen Krieg profitieren konnten. Wer eine breite Streuung des Vermögens vorgenommen hatte, die auch Fremdwährungen einschloß, kam sicher am ungeschorensten aus der Krise.

Viele meinten damals, daß diese Währungsreform die letzte sein würde. Doch noch unter dem Krieg wurden schon die nächsten finanzpolitischen Fehler beschlossen.

»Die Welt rätselte 60 Jahre lang über die wahren Motive der Bombardierung von Hiroshima und Nagasaki – bis heute ... In Japan nämlich ging es um eine gigantische Kriegsbeute im Wert von ›vielen Hunderten Milliarden Dollar‹, um japanisches Raubgold, das die Kaiserliche Armee seit 1937 systematisch im gesamten südostasiatischen Raum geraubt hatte. Während die Siegerbeute in Deutschland gerade mal 20 Milliarden Dollar betrug, die sich überwiegend aus Industriedemontagen zusammensetzten, von denen Stalin zehn Milliarden Dollar zugesagt worden waren, bedeutete das japanische Raubgold mit Blick auf das 1944 von den USA durchgepeitschte Abkommen von Bretton Woods sofortige Liquidität für die Vereinigten Staaten.«

Frank Krüger in *Saar-Echo*, 16. Juli 2005

Fehler Nr. 5 – Bretton Woods – die weltweite Nachkriegsfinanzordnung – der dritte »Goldstandard«

Leider hatte man auch keine Lehren aus dem Scheitern des zweiten Goldstandards und der daraus folgenden Weltwirtschaftskrise gezogen und versuchte ein drittes Mal, eine Inflation durch goldgedecktes Geld auszuschließen.

Geschichtlicher Verlauf 1944 bis 1990

Ein neues Nachkriegsfinanzsystem wurde offiziell am 22. Juli 1944 im amerikanischen Ort Bretton Woods beschlossen. Dabei ging man davon aus, daß sowohl ein Finanzsystem mit einem strengen Goldstandard als auch flexible Wechselkurse instabil seien. Die Verhandlungen wurden von den Vereinigten Staaten dominiert. Eine wichtige Person bei dem Ganzen war der britische Ökonom John Maynard Keynes, der den Vorschlag unterbreitete, Puffer aus internationalen Reserven zu schaffen, um Länder gegen externe Schocks zu schützen. Sein Gegenspieler, der amerikanische Ökonom White, war gegen Keynes Plan und forderte in erster Linie feste Wechselkurse.

Am Ende kam es zu diesen festen Wechselkursen. Dabei legten alle Mitgliedsstaaten ihre Währung in Gold bzw. in Dollar mit dem Goldgehalt des Jahres 1944 fest und waren verpflichtet, den Wechselkurs zum US-Dollar mit plus/minus einem Prozent konstant zu halten. Aufgrund dieses System wurde der Dollar zur Weltleitwährung, da er nach der Definition von Bretton Woods jederzeit in Gold wechselbar war. Damit waren der US-Dollar an das Gold gekoppelt und die anderen Währungen an den US-Dollar. Das amerikanische Finanzministerium war dazu verpflichtet, jederzeit zu einem Kurs von 35 Dollar pro Unze Gold an ausländische Zentralbanken zu verkaufen und zu kaufen. Die Währungen sollten frei konvertierbar sein, deshalb mußte jede Notenbank, um die festen Wechselkurse aufrechtzuerhalten, über ausreichende Währungsreserven verfügen.

Zu diesem System gehörte auch der IWF, der Internationale Währungsfonds, der im gleichen Jahr gegründet wurde. Dessen Aufgabe bestand darin, bei Zahlungsbilanzproblemen durch die festgelegten Wechselkurse einzugreifen. Dafür wurden Quoten eingerichtet, die jedes Land als Leistung an den IWF zu zahlen hatte. Diese richteten sich nach der Wirtschaftsstärke des Landes. Hilfskredite waren auf 400 bis 500 Prozent der jeweiligen Quote limitiert. Bei Überschreitung des Kreditvolumens sollte der IWF auch Sanktionsmaßnahmen verhängen dürfen.

Nach dem Zweiten Weltkrieg besaßen die USA bereits zwei Drittel der Weltgoldvorräte und konnten als einzige Handelsnation durch die intakt gebliebene Wirtschaft im großen Stil exportieren, weshalb sich ein Exportüberschuß entwickelte. Entsprechend entwickelte sich bei den anderen Staaten ein Handelsbilanzdefizit. Daraus resultierte wiederum ein Mangel an US-Dollars. Durch den Marshall-Plan wurde das Defizit teilweise ausgeglichen. Im Jahre 1950 wurde als Ergänzung in Europa die Europäische Zahlungsunion (EZU) gegründet, die den Zahlungsverkehr beschleunigen sollte. Dadurch gab es 1955 weltweit zwei Konvertibilitätsgebiete: Europa mit der EZU und dem britischen Pfund und das auf dem US-Dollar basierende. Dabei blieb der US-Dollar die Leitwährung, weil sich das britische Pfund dagegen nicht durchsetzen konnte und durch Leistungsbilanzdefizite ständig unter Druck war. So kam es zu einer Abwertung des Pfundes gegenüber dem Dollar, was das europäische Leistungsbilanzdefizit verkleinerte. Erst danach und nach dem Aufbau von Devisenreserven durch die Notenbanken wurde 1958 das Bretton-Woods-System mit der vollen Konvertibilität der Währungen eingeführt.

Wie negativ sich Bretton Woods auf eine nicht bereite Wirtschaft auswirkte, zeigt das Beispiel England: Obwohl die englische Wirtschaft nach dem Weltkrieg sehr schwach war, setzte England bereits 1947 die volle Konvertibilität des Pfundes um, da dies Teil einer Vereinbarung mit den USA gewesen war, unter der England einen Kredit über 3,75 Milliarden Dollar erhielt. Aufgrund der festen Wechselkurse und durch die volle Konvertibilität kam es schnell zu einer Kapitalflucht in den attraktiveren Dollar – das Leistungsbilanzdefizit vergrößerte sich damit immer weiter. Weitere Spekulationen gegen die englische Währung folgten. Um den Wechselkurs zu halten, mußte die englische Notenbank intervenieren und britisches Pfund gegen Dollar aufkaufen. Dabei gingen zwei Drittel der britischen Währungsreserven verloren. Nach nur sechs Wochen Konvertibilität wurde diese wieder ausgesetzt, und Kapitalmarktkontrollen wurden eingeführt. Dies war der Grund, warum die Forderungen von Bretton Woods nach voller Konvertibilität bei festen Wechselkursen erst viel später als geplant umgesetzt wurden.

Von 1959 an wurden die Handelsbilanzen durch den raschen Aufbau in Europa wieder stabiler. Das Bretton-Woods-System wurde zu einem Gold-/Dollar-Standard mit festen Wechselkursen. Da die Wechselkurse fest und die einzelnen Länder nicht bereit waren, ein Handelsbilanzdefizit durch deflationäre Krisen auszugleichen, war die Folge, daß es keinen Ausgleichmechanismus für Zahlungsbilanzstörungen gab. Durch das Wirtschaftswunder entwickelte sich in Deutschland ein Leistungsbilanzüberschuß, während die USA in ein Defizit rutschten. Damit verbunden waren ein Verlust an Glaubwürdigkeit des Systems, und auch die Gefahr, daß Dollar-Noten im Ausland in Gold getauscht würden, wurde immer größer. Bereits 1964 übertraf die Menge an US-Dollar-Reserven im Ausland die Goldreserven des US-Finanzministeriums. Deshalb wurden von den USA Gegenmaßnahmen in Form einer »Zinsausgleichssteuer« ergriffen, die für ausländische Kreditnehmer höhere Kosten auf dem Anleihenmarkt bedeutete. Zusätzlich wurden noch Beschränkungen von Krediten an das Ausland durch amerikanische Banken beschlossen. Es wurde immer deutlicher, daß das grundsätzliche Problem im Goldstandard zu sehen war. Da das weltweite Wachstum hoch war, mußte irgendwann der Punkt kommen, an dem die Geldversorgung nicht mehr gewährleistet war. Da die Goldmenge zum Dollar-Bestand immer kleiner wurde, wurde der Dollar immer mehr überbewertet, und man befürchtete eine Dollar-Abwertung. Es kam zur Ausbildung von immer mehr Krisen, und mehrfach wurden die Goldvorräte der US-Notenbank angegriffen.

1967 wurde das britische Pfund abgewertet, da sich immer mehr Ungleichgewichte aufbauten und das Wachstum des Landes hinter dem des übrigen Europas zurückblieb. Unterstützungskredite des IWF halfen nichts, und die Spekulationen gegen das Pfund nahmen immer weiter zu. Es kam zu einer Kapitalflucht, und da England die Forderungen des IWF nach deflationären Maßnahmen ablehnte, mußte Ende 1967 das britische Pfund um 17 Prozent abgewertet werden. Der Dollar geriet ebenfalls unter Druck, und Gold stieg im Preis immer mehr an.

Ab 1964 verfolgte die USA eine inflationäre Politik, u. a. um den Vietnam-Krieg zu finanzieren. Deshalb waren immer mehr Spekulationen gegen die amerikanische Währung zu verzeichnen. Um den Preis stabil zu halten, mußte an einem Tag soviel Gold von der *US Airforce* von Fort Knox nach London gebracht werden, daß in der Bank von England der Boden einbrach. 1968 konnten auch private Leute Gold zum festgelegten Kurs von 35 Dollar pro Unze kaufen und verkaufen. Um die Wechselkurse aufrechtzuerhalten, mußten Deutschland und Japan ständig intervenieren, wobei es Anfang 1971 zu einer massiven Kapitalflucht aus dem Dollar kam. Im Mai 1971 versuchte die Deutsche Bundesbank durch den Kauf von fünf Milliarden US-Dollar den Kurs zu stabilisieren, was jedoch mißlang. Deutschland schied damit als erstes Land aus dem System festgelegter Wechselkurse aus und überließ die D-Mark flexiblen Wechselkursen. Andere europäische Länder schlossen sich an, und als Presseberichte erschienen, die von einem englisch-französischen Plan berichteten, Dollar gegen Gold umzutauschen, wurde von den USA die Verpflichtung, Dollar gegen Gold zu tauschen, aufgekündigt. Ende 1971 wurde nochmals versucht, das Bretton-Woods-System zu retten, indem ein neuer Goldkurs und höhere Schwankungsbreiten vereinbart wurden. Anfang 1973 schlossen jedoch Europa und Japan die Devisenmärkte, und nach einer Abwertung des Dollars um zehn Prozent wurden langfristig flexible Wechselkurse eingeführt.

Das Scheitern des Systems ist zum guten Teil darauf zurückzuführen, daß das Wirtschaftswachstum der Staaten nach dem Zweiten Weltkrieg schnell die Goldförderung überstieg. Die zunehmende Dollar-Menge war immer weniger goldgedeckt, und es entstand ein Glaubwürdigkeitsproblem. Jeder versuchte dann, seine Dollars in Gold umzutauschen, solange dies noch möglich war. Daran litt die Akzeptanz des Dollars, was eine Abwertung erzwang. Hätten die USA jedoch die Geldmenge nur soweit erhöht, wie die Goldförderung anstieg, wäre eine deflationäre Krise wegen mangelnder Zahlungsmittel die Folge gewesen.[17]

Da das Bretton-Woods-System nur mit einer großen Menge Gold funktionieren konnte und Amerika den US-Dollar als Leitwährung goldgedeckt etablieren wollte, mußte diese gewaltige Menge Edelmetall noch im Zweiten Weltkrieg beschafft werden. In diesem Zusammenhang gibt es eine interessante Hintergrundinformation, die ich meinen Lesern nicht vorenthalten will.

Atombomben für die Goldwährung?

Die Internet-Zeitung *Saar-Echo* publizierte im Jahre 2005 einen interessanten Artikel, den der Journalist Frank Krüger verfaßt hatte. Krüger war innerhalb einer drei Jahre andauernden Recherche der Frage nachgegangen, warum die Atombomben in Japan eingesetzt wurden, wo sich das japanische Raubgold befand, und wie das Ganze mit der Nachkriegsfinanzordnung zusammenhing.

Dabei fand er heraus, daß die Atombombe, die am 6. August 1945 auf Hiroshima fiel, in größter Eile eingesetzt worden war. Auch die Bombe auf Nagasaki, die drei Tage später folgte, wurde abgeworfen, ohne die Reaktion Japans auf den ersten Atomschlag abzuwarten. Schon am 16. Juli 1945 hätte der amerikanische Präsident Truman ungeduldig bei der Konferenz in Potsdam auf die Meldung aus Amerika über den ersten gelungenen Test mit einer Atombombe gewartet. Er wollte unbedingt den sowjetischen Diktator Stalin mit einer Erfolgsmeldung überraschen, weswegen auch die Konferenz auf die zweite Juli-Hälfte verschoben worden war, wie Krüger meinte. Dabei sei bis heute vieles in bezug auf die Atombomben unklar, und der amerikanische Historiker Alperovitz bemerkte, daß viele Dokumente offensichtlich unterschlagen oder merkwürdig manipuliert bzw. neu geschrieben worden seien. Deshalb fragte der Wissenschaftler, was es zu verbergen gebe. Noch 60 Jahre später unterlägen die Umstände, die zum Atomwaffeneinsatz führten, der strengsten Geheimhaltungsstufe.

Dabei habe, so Krüger weiter, Truman damals auch noch einen zweiten Trumpf gegenüber Stalin besessen: Die Amerikaner hatten deutsche Nachrichtenspezialisten und deren Entschlüsselungsmaschinen in den eigenen Dienst übernommen, welche die sowjetischen Codes entschlüsseln konnten. Die Amerikaner seien deshalb über alle sowjetischen Pläne unterrichtet gewesen. Dabei wurde bekannt, daß Stalin bereits im Februar 1945 den Befehl zur Besetzung Japans durch die Rote Armee gegeben habe. Truman befürchtete, daß die Sowjetunion vor den USA Japan einnehmen könnte – vor allem, da die amerikanische Landungsoperation erst für November 1945 geplant gewesen wäre. Die Rote Armee hingegen hatte ihre Vorbereitungen für eine Invasion Japans bereits im Juni 1945 abgeschlossen. Brisant wäre die Angelegenheit deshalb gewesen, weil es in Japan um eine Kriegsbeute von einigen hundert Milliarden Dollar gegangen sei. Dagegen habe man in Deutschland gerade 20 Milliarden Dollar als Siegerbeute vereinnahmt. In Japan habe die Armee seit 1937 systematisch im ganzen südostasiatischen Raum große Mengen Gold erbeutet. Für die USA sei das japanische Raubgold mit sofortige Liquidität für das Bretton-Woods-System verbunden gewesen. Im Abkommen von Bretton Woods sei dann auch vereinbart worden, daß im Mittelpunkt des internationalen Finanz- und Währungssystems der Nachkriegszeit wieder das Gold stehen solle, und zwar in Form eines Gold-Dollar-Standards.

Um jedoch den Dollar als Weltleitwährung zu etablieren, sei das Gold als Vertrauensbringer nötig gewesen. Roosevelt habe bereits ab 1934 mit einer geschickten und konsequenten Politik große Teile des europäischen Goldes angezogen und akkumuliert. Aufgrund der sowjetischen Invasionspläne drohte Truman nun das japanische Raubgold verloren zu gehen, bevor es in den Besitz der Vereinigten Staaten gelangen würde. Truman habe handeln müssen, ohne die Hintergründe seiner Aktionen offenlegen zu können.

Die eiligst durchgeführten Atomschläge gegen das faktisch bereits geschlagene Japan hatten nach dieser Hypothese zum Ziel, den Krieg *sofort* zu beenden, um damit einer sowjetischen Invasion zuvorzukommen. Daraufhin habe Stalin noch in letzter Minute die bereits anlaufende Invasion Japans zurückgezogen.

Die Welt habe im Herbst 1945 abermals am Rande eines Krieges gestanden. Europa sei mit dem Wiederaufbau beschäftigt gewesen, die Sowjetunion damit, eine Pufferzone in Osteuropa mit Billigung der USA zu schaffen, während Japan mit Amerika vom Raubgold profitierte. Japan half mit, die Unterschlagung des Raubgoldes zu verschleiern, und sei damit zum treuen Vasallen der Vereinigten Staaten geworden. Interessanterweise sei schon in der heutigen Zeit die niederländische Regierung damit gescheitert herauszufinden, was mit dem Raubgold geschehen sei, was anhand von vier diesbezüglichen Untersuchungsberichten, die zwischen 1999 und 2003 verfaßt wurden, deutlich werde. Man sei dabei auf eine amerikanisch-japanische Mauer des Schweigens gestoßen. Dabei ist klar, daß durch die Japaner während des Kriegs riesige Mengen Gold erbeutet wurden: In China mußten beispielsweise die Einwohner unter Androhung von Folter alles Gold den japanischen Invasionstruppen aushändigen. Nordkorea verlange noch heute offiziell 363 Tonnen Gold von Japan zurück, das während des Zweiten Weltkrieges gestohlen und geplündert wurde. Südkorea beklage die Plünderung unter anderem der koreanischen Königsgräber und unersetzlicher Schätze aus Edelmetallen, die überall im Lande geraubt worden seien.

Dabei habe auch George Marshall (amerikanischer Generalstabschef des Heeres im Zweiten Weltkrieg, danach US-Außenminister) zwei Jahre vor seinem Tod auf die Frage eines Historikers, warum die Bomben über Japan abgeworfen wurden, geantwortet, daß es neben dem Leben von vielen Amerikanern auch um viele Hunderte Milliarden Dollar gegangen sei, die bei grober Hochrechnung der bereits bis jetzt vorliegenden Belege über den Raub von Gold,

Platin, Silber und Diamanten durch Japan während des Zweiten Weltkriegs in Südostasien leicht zusammenkämen.

Interessant sind die Erkenntnisse von Frank Krüger deshalb, weil sie zeigen, welch ein Aufwand getrieben wurde, um das auf Gold basierende Bretton-Woods-System zu etablieren. Bedenklich ist dies vor allem, weil das Gold für eine stabile Währung überhaupt nie nötig gewesen wäre – im Gegenteil: Eine Goldwährung ist instabiler als eine reine Papierwährung, weil die Geldmenge durch den beschränkten Vorrat an Gold nie dem Bedarf der Wirtschaft angepaßt werden kann. Auch zeigt das Beispiel, daß es offenbar gar nicht um ein gut funktionierendes Geldsystem geht, sondern Gold als Machtmittel benutzt wurde.

Währungssystem nach dem Zerfall von Bretton Woods

In den 1970er Jahren kam es zur Ölkrise (1973/74) und zu hoher Inflation mit niedrigen Wachstumsraten. Eine OECD-Studie rief Deutschland und Japan 1977 dazu auf, eine expansive Wirtschaftspolitik zu betreiben, um die Weltwirtschaft aus der Krise zu bringen. 1978 wurde dieser Aufruf umgesetzt, was zu einem starken Anstieg der Inflation führte. Vor allem in den USA gingen die Wachstumsraten zurück, weshalb die Arbeitslosigkeit von 3,4 Prozent im Jahre 1969 auf sechs Prozent im Jahre 1972 stieg. Die Inflationsrate betrug 6,2 Prozent. 1974 stiegen die Konsumentenpreise bereits um elf Prozent, und die Produzentenpreise erhöhten sich um über 15 Prozent. Aufgrund der zweiten Ölkrise Ende der 1970er Jahre verdreifachte sich der Ölpreis nochmals. 1980 setzte sich diese Entwicklung fort, und die Inflationsrate stieg auf über 13 Prozent, das Bruttoinlandsprodukt sank, und die Investitionen gingen zurück. Bereits 1979 ging die amerikanische Notenbank FED dazu über, die Inflation durch Geldmengenbegrenzung zu bekämpfen. Der neue amerikanische Präsident Reagan wollte die staatlichen Ausgaben senken, um das Haushaltsdefizit zu bekämpfen. Hierzu wurde geplant, auch Sozialausgaben und die Leistungen an die Bundesstaaten zu kürzen. Die Einkommen für den Staat sanken jedoch trotzdem. Außerdem kam hinzu, daß der Militäretat ausgeweitet wurde, während die Sozialausgaben aufgrund von Widerständen nicht so weit wie geplant gekürzt werden konnten. Die Regierungsausgaben erhöhten sich massiv von 591 Milliarden Dollar im Jahre 1980 auf 1144 Milliarden Dollar im Jahre 1989, was bewirkte, daß das Haushaltsdefizit in den Jahren 1982 bis 1992 doppelt so hoch war wie zwischen 1970 und 1981. Durch die sinkenden Einnahmen und die steigenden Ausgaben bedingt, mußte sich der amerikanische Staat immer mehr verschulden, und die Sparquote der Bevölkerung ging immer weiter zurück. Da hierdurch die Zinsen in den Vereinigten Staaten stiegen, wurde es für internationale Investoren interessant, dort zu investieren. Logischerweise stieg daraufhin die Nachfrage nach Dollar-Noten, und der Wechselkurs erhöhte sich beispielsweise von 1,82 D-Mark je Dollar im Jahre 1980 auf 2,94 D-Mark je Dollar Mitte der 1980er Jahre. Die USA wurden von einem Nettogläubigerland (13 Prozent des Bruttosozialproduktes im Jahr 1980) zu einem Schuldnerland (minus elf Prozent des Bruttosozialproduktes) im Jahre 1988. Aufgrund des steigenden Dollars wurden für Amerika Importe immer billiger, Exporte aber erschwert – es kam zu einem Handelsbilanzdefizit.

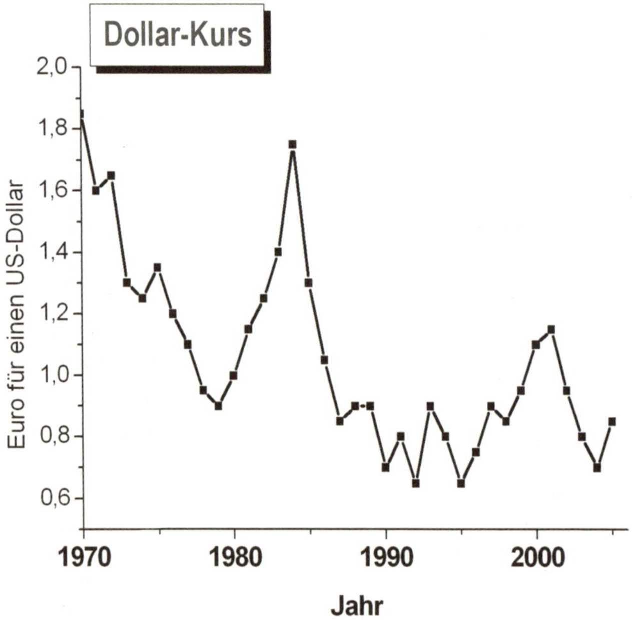

Abb. 10: Dollar-Kurs-Entwicklung

Nach dem Ende des Bretton-Woods-System kam es zur Einführung flexibler Wechselkurse, wobei kleine Länder und Entwicklungsstaaten meist feste Wechselkurse beibehielten. Auch innerhalb Europas versuchte man die Kurse zu stabilisieren. Ende der 1970er Jahre erhöhten sich die Wechselkursschwankungen. In den 1980er Jahren entwickelten sich zwischen den Industriestaaten erhebliche Handelsbilanz-Ungleichgewichte. Ursache dafür war der hohe Dollar-Kurs, der immer weiter anzog. Die USA dagegen hatten keinerlei Interesse an einer Abwertung, weshalb auch der damalige US-Finanzminister John Conally sagte: »Es ist unsere Währung, aber ihr Problem.« 1985 wurde durch die G-5-Länder vereinbart, den Dollar durch Interventionen abzuwerten, weshalb der Dollar-Kurs auf 1,80 DM/Dollar im Jahr 1987 stark sank. Dies reichte jedoch nicht, um das hohe US-Handelsbilanzdefizit zu beseitigen und der Dollar rutschte weiter ab. Am 19. Oktober 1987 kam es dann zum Börsencrash in den USA, als der Dow Jones mit 508 Punkten den größten Punkteverlust seiner Geschichte aufwies. Der neue US-Notenbankchef Alan Greenspan erlaubte zur Stabilisierung eine noch weitergehende Abwertung des US-Dollars.[18]

Der Goldpreisanstieg 1980

Nach dem Ende des Bretton-Woods-Systems stieg der Goldpreis schnell von den künstlich zu niedrig angesetzten 35 Dollar je Unze auf bis zu 200 Dollar pro Unze an. Eine regelrechte Goldspekulation setzte dann einige Jahre später um das Jahr 1978 ein, als das private Goldbesitzverbot (gültig seit 1933) in den USA aufgehoben wurde. Da der Dollar aufgrund des gescheiterten Bretton-Woods-Systems an Vertrauen verloren hatte, gingen immer mehr Menschen daran, Gold zu kaufen. Ein weiterer Grund war die damals hohe Inflation, die durch die beiden Ölkrisen initiiert worden war. Da die Käufe zunehmend massiver wurden, schoß der Goldpreis im Jahre 1980 kurzfristig auf über 800 Dollar pro Unze nach oben. Wie in jeder Spekulationsbewegung, kam es jedoch auch in diesem Fall schnell zu einem Platzen der Blase: Der Goldpreis fiel innerhalb von drei Jahren auf 300 Dollar je Unze zurück und sank nach einem neuen Zwischenhoch 1989 bis zum Jahr 2001 kontinuierlich auf 250 Dollar pro Unze (Abb. 11).

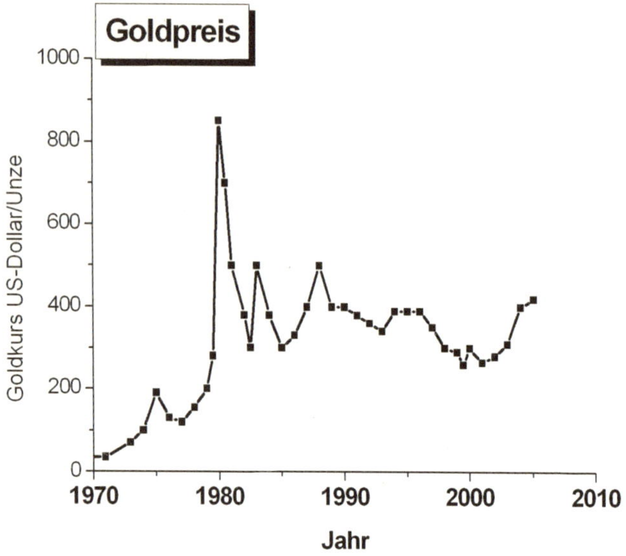

Abb. 11: Goldpreis

Von vielen Goldspekulanten wird diese Zeit gerne mit der heutigen Entwicklung und der kommenden Krise verglichen. Vergessen wird dabei jedoch, daß diese Ereignisse gar nicht vergleichbar sind: Einmal haben wir heute keine goldgedeckte Währung mehr, bei der die Aufhebung der Goldeinlösepflicht und des künstlich festgesetzten Goldpreises eine Flucht ins Gold auslösen könnte. Zum anderen ist die Inflation heute auch sehr gering. Vergessen werden sollte auch nicht, daß die damaligen Preissteigerungen nur von sehr kurzer Dauer waren und die Blase sehr schnell geplatzt ist. Viele Spekulanten haben damals massive Verluste eingefahren. Was auch dazukommt: Als der Goldpreis damals stark anstieg, wurde das Edelmetall gar nicht mehr von Großhändlern oder Scheideanstalten aufgekauft. Alle warteten darauf, daß der Preis schnell wieder sinken werde. So konnten viele Goldbesitzer damals den hohen Goldpreis gar nicht nutzen, da kein Verkauf im größeren Stil mehr möglich war. Viele Goldhändler gingen damals auch bankrott, da sie im Goldpreisanstieg noch zukauften und von dem plötzlichen Platzen der Blase überrascht wurden.

Eng mit den damaligen Entscheidungen verbunden war der Aktien- und Immobilienboom in Japan, dem dann nach wenigen Jahren ein ebenso steiler Absturz folgte, unter dem Japan heute noch leidet.

Der Kurssturz in Japan 1990

Nach einem Übereinkommen der USA mit Japan, die japanische Währung künstlich zum Abbau des amerikanischen Handelsbilanzdefizits höher zu bewerten, verdoppelte sich der Yen-Kurs innerhalb von zwei Jahren. Dadurch brach die Exportquote Japans ein, und die Notenbank versuchte, den Schock für die Wirtschaft durch schnelle Zinssenkungen abzufedern. Der Leitzins wurde deshalb innerhalb eines Jahres von 5,0 auf 2,5 Prozent abgesenkt. Gleichzeitig wurde das Finanzsystem liberalisiert, und die Banken bekamen das Recht, eigene Kredite zu vergeben. Wegen der niedrigen Zinsen konnten die Unternehmen günstige Kredite aufnehmen und diese spekulativ einsetzen. Von dem Geld kauften die Firmen hauptsächlich Immobilien in der Erwartung, daß im überbevölkerten Japan die Grundstückspreise weiter steigen müßten. Damit erfolgte eine Verkettung der Geschehnisse: Billige Kredite ermöglichten es der Wirtschaft, verstärkt Immobilien nachzufragen, was deren Preis erhöhte. Durch steigende Immobilienpreise wuchs gleichzeitig die Bewertung der Betriebe an der Börse, und die Firmen konnten wieder neue Sicherheiten für Kredite bieten, womit die Aktien weiter kletterten. Wie schon 1873 und 1929 wurden durch den Anstieg der Börsenkurse auch immer mehr Kleinanleger an die Börsen gelockt, und die Experten unterstützten die Manie noch durch immer neue Rechtfertigungen für die gestiegenen Kurse. Die Blase platzte, als die Zinsen im Herbst 1989 wieder stiegen und viele Unternehmen nicht mehr in der Lage waren, ihre Kredite zu bedienen. Durch Zwangsverkäufe von Immobilien gerieten die Preise unter Druck, und die Aktienkurse folgten der Entwicklung. Jetzt zeigte sich auch die verhängnisvolle Wirkung der Überschuldung: Da eine große Anzahl der Unternehmen ihre Schulden nicht mehr bezahlen konnte, sammelten sich bei den Banken immer mehr faule Kredite an. Das ganze Finanzsystem wurde damit gefährdet, und allein die 17 größten Banken des Landes mußten in den letzten

Jahren zehn Prozent der gesamten Wirtschaftsleistung Japans abschreiben. Die Banken verweigerten in der Folge die Vergabe weiterer Kredite und erzeugten damit eine Deflation. Der Aktienmarkt verlor zwei Drittel seines Wertes. Daß es nicht zu einer sich selbst verstärkenden deflationären Abwärtsspirale kam, lag daran, daß die japanische Regierung keine Banken pleite gehen ließ und deshalb die deflationäre Entwicklung nicht in einer Bankenpleitewelle endete. Seit 1991 wurde der Zins immer weiter abgesenkt mit der Wirkung, daß Geld damit noch weniger gern verliehen wurde wie vorher schon. Der Konsum brach ein, weil die verunsicherten Verbraucher lieber das Geld sparten und auf noch günstigere Preise in der Deflation warteten. Ab 1992 versuchte die Regierung durch großangelegte Sanierungsprogramme die Wirtschaft in Gang zu bringen. Der Erfolg war, daß das Strohfeuer bald verpuffte und die Staatsverschuldung durch neun erfolglose Programme auf damals über eine Billionen Euro explodierte. Bei der hohen Verschuldung gibt es kaum noch einen Ausweg, da ein Anstieg des Zinsniveaus die Zahlungen des Staates enorm belasten würde. Dieser wäre dann gezwungen, die Steuern drastisch zu erhöhen, was der Wirtschaft den Rest geben würde. Auch der Verfall der Immobilienwerte ist noch nicht zu Ende, da die Banken bisher nur einen kleinen Teil übertragener Werte verkauften. Sobald diese jedoch beginnen, die Realwerte abzustoßen, wird es zu einem erneuten Preisdruck kommen.[19]

Auch in Europa verloren viele Anleger, die auf ein andauerndes Wachstum in Japan gesetzt hatten, viel Geld. So wurden Optionsscheine auf japanische Unternehmensanleihen gehandelt, mit denen sich in den 1980er Jahren innerhalb von zwei Jahren Gewinne von 5000 Prozent erzielen ließen. Die Wertpapiere waren so begehrt, daß die Unternehmen am Ende noch Gewinn einfuhren, wenn sie sich verschuldeten. Im Jahre 1988 notierten mehr als 700 japanische Optionsscheine auf deutschen Kurszetteln. Kaum jemanden störten die Manipulationen, die von den Unternehmen betrieben wurden, um die Kurse zu treiben. Die Anleger kauften die Scheine sogar, ohne die genauen Bezugsbedingungen zu kennen. Ein übriges zur Manie tat die Presse: So prognostizierte die Anlegerzeitschrift *Finanzen* im Jahre 1990, daß der Nikkei-Index eher in Richtung

100 000 als in Richtung null gehen werde. Eigentlich hätte es jedem Experten klar sein müssen, daß der Aktienmarkt in Japan absolut überbewertet war. Auf dem Höhepunkt des Booms entsprach der Wert aller in Tokio gelisteten Unternehmen 40 Prozent der gesamten Kapitalisierung aller Aktiengesellschaften der Welt.[20] Auch war die japanische Wirtschaft nie konkurrenzfähig. So arbeiteten in den 1970er und 1980er Jahren nur 13 Prozent der japanischen Arbeitnehmerschaft in wettbewerbsfähigen Industrien.[21]

Bedeutung für die heutige Zeit

Die Einführung eines weiteren Goldstandards wirkte sich wieder bremsend auf die Wirtschaft aus. Schon der erste Versuch, das Bretton-Woods-System in England zu starten, endete in einem Desaster. Auch später konnte die Golddeckung nicht aufrechterhalten werden, ohne die Wirtschaft abzuwürgen. Der schnelle Wiederaufbau nach dem Zweiten Weltkrieg erforderte eine steigende Geldmenge, die mit einem festen Goldbestand nicht zu realisieren war. Deshalb wurde die Golddeckung zunehmend untergraben, was später zu spekulativen Angriffen auf den Dollar und zur Aufgabe des Goldstandards führte.

Man lernt daraus: Ein Goldstandard führt entweder direkt in die Krise (wenn er konsequent durchgehalten wird), oder er wird schleichend aufgeweicht. In jedem Fall endet er früher oder später in einem Fiasko. Nach dem Ende des Bretton-Woods-System kam es bald zu einer deutlichen Aufwertung des Goldes, welche 1980 in einer Spekulationswelle endete. Das bedeutet: Es ist klug, innerhalb eines Goldstandards auf Gold als Anlageinstrument zu bauen, um dann beim Ende der Edelmetallwährung von der Preissteigerung zu profitieren.

Die Aktienspekulation in Japan war eine unmittelbare Folge der Finanzplanung nach dem Bretton-Woods-System. Sich an solchen Spekluationen zu beteiligen ist sehr riskant, da solch eine Blase unmittelbar platzt. Hinzu kam, daß die damalige Entwicklung auch von einer Immobilienspekulation in Japan begleitet war. Die Kombination von Aktien- und Immobilienblase hat sich dabei als sehr riskant herausgestellt.

Doch nach all den Fehlern mit dem Bretton-Woods-System mit einer Goldanbindung und festen Wechselkursen sowie den Börsenexzessen in Japan lernte man leider wieder nicht aus den Fehlern, sondern schickte sich an, das nächste Problem aufzubauen.

»Sämtliche Währungskrisen seien auf Politikversagen zurückzuführen, betonte Angelos Kotios, Professor für Wirtschaftspolitik in Thessalien (Griechenland). Alle hätten sich in Systemen fester Wechselkurse ereignet.«
Frankfurter Allgemeine Zeitung, 4. Dezember 1999

Fehler Nr. 7 – Das Europäische Währungssystem

Ende der 1960er Jahre wurde eine europäische Zollunion vereinbart und schließlich 1969 beschlossen, die Gemeinschaft zu einer Wirtschafts- und Währungsunion weiterzuentwickeln. 1972 wurde die sogenannte Währungsschlange eingeführt, in der sich die teilnehmenden Länder dazu verpflichteten, die Währungen nicht mehr als 4,5 Prozent schwanken zu lassen. Durch die Ölkrise und den fallenden Dollar bedingt, geriet jedoch diese Währungsschlange schnell in Schwierigkeiten. Da Europa sehr inhomogen ist, wirkten sich diese äußeren Probleme sehr unterschiedlich auf die Länder aus. Frankreich war deshalb gezwungen, die Währungsschlange in den Jahren 1974 und 1976 zu verlassen. 1976 kam es dann zu einer allgemeinen Abwertung der Währungen der Benelux-Staaten und Skandinaviens gegenüber der D-Mark, was eine längere Phase ständiger Anpassungen bewirkte. Als Nachfolgemodell wurde 1978 das Europäische Währungssystem (EWS) beschlossen und 1979 umgesetzt. Das EWS verpflichtete die teilnehmenden Länder zu intervenieren, wenn die Währungen mehr als 2,25 Prozent auf- oder abwerten sollten. Als Recheneinheit wurde der ECU (European Currency Unit) begründet. Je nach Stärke eines Landes hatte es entsprechende Anteile am ECU. Aus dem ECU-Leitkurs konnten dann alle Wechselkurse zu anderen Ländern berechnet werden. In den ersten vier

Jahren wurden die Währungen im Schnitt alle acht Monate neu angepaßt. Zwischen 1983 und 1987 ging die Notwendigkeit von Anpassungen zurück, wobei die Inhomogenität der unterschiedlichen Wirtschaftsräume von 1987 bis 1992 wieder stark zunahm. Da die D-Mark Leitwährung wurde, mußten sich alle anderen Länder nach dieser richten und entsprechend ihre Wirtschaft anpassen, was mit wachsenden politischen Schwierigkeiten verbunden war. Es kam zu wachsenden Spannungen, die auch durch den Beitritt von Großbritannien, Spanien und Portugal verursacht wurden, die große Handelsbilanzdefizite und Inflationsraten aufwiesen. In Deutschland stiegen aufgrund der Folgen der deutschen Einheit ebenfalls die Verschuldung und die Inflationsrate an. Die Deutsche Bundesbank erhöhte deshalb die Zinsen, und um eine Abwertung zu vermeiden, mußten die übrigen europäischen Staaten diesem Schritt folgen. Aufgrund der Abwertung des Dollars rutschte ganz Europa in eine schwere Rezession. Da die Unsicherheit, nicht zuletzt wegen der Abstimmungen zu den Maastrichter Plänen zur Währungsunion in Dänemark und Frankreich, weiter zunahm, gab es zunehmend Währungsumschichtungen. Deshalb gerieten das britische Pfund und die italienische Lira unter Abwertungsdruck. Der Druck auf alle schwachen Länder wuchs in der Folge, und es kam zu massiven Verlusten von Währungsreserven. Das Pfund und die Lira schieden deshalb nach gescheiterten Stabilisierungsprogrammen am 17. September 1992 aus dem EWS aus. Spanien und Portugal mußten ihre Währungen um sechs Prozent abwerten, das irische Pfund um zehn Prozent. Im Jahre 1993 wurde dann eine höhere Schwankungsbreite von 15 Prozent statt den bisher geltenden 2,25 Prozent vereinbart.

Ursache der Krise war, daß Länder mit Handelsbilanzdefiziten nicht entsprechend durch eine Währungsabwertung reagieren konnten. Dies ermöglichte es Spekulanten, sich gegen die Währungen zu positionieren. Deutliche Parallelen zeigen sich dabei zum zerfallenen Bretton-Woods-System, das ebenfalls aus einer Leitwährung (dem Dollar) und festen Wechselkursen bestand.[22]

Was ebenso eine Rolle beim Scheitern des EWS spielte, war der ungarisch-stämmige Finanzspekulant George Soros, der damals mit Milliardengeldern gegen das britische Pfund und die italienische Lira spekulierte und damit die Wechselkurse unter Druck brachte.

Das Fatale an festen Wechselkursen ist allgemein, daß sie eine Angriffsfläche für Spekulanten bieten. Das geht so: Der Spekulant nimmt in großem Ausmaß Kredite im Schwachwährungsland auf und wechselt sofort über den festen Wechselkurs in die Hartwährung – hierdurch gerät der Kurs immer mehr unter Druck. Die Zentralbank kann den Wechselkurs über Interventionen nur begrenzt verteidigen und muß ihn dennoch früher oder später freigegeben. Der Spekulant bezahlt dann seine Schulden im Weichwährungsland mit aufgewerteter Hartwährung zurück. So konnte Soros beispielsweise das EWS aushebeln.

Richtig wäre es, wenn unabhängige, sich unterschiedlich entwikkelnde Länder ihre eigene Währung besitzen und über flexible Wechselkurse miteinander verbunden sind. Irrtümlich meinte man jedoch, wenn feste Wechselkurse mit dem EWS in Europa nicht funktionierten, daß dann eine gemeinsame Währung (der Euro) besser funktionieren würde. Was dabei aber ganz vergessen wurde, ist die Tatsache, daß auch eine gemeinsame Währung nichts an der unterschiedlichen Entwicklung der Staaten ändert. Die Spannungen zeigen sich nur nicht mehr in einer Wechselkursänderung, sondern laufen verdeckt ab – bis es zum Crash kommt.

Bedeutung für die heutige Zeit

Das Scheitern des Europäischen Währungssystems (EWS) zeigte, daß sich in jedem System mit festen Wechselkursen Spannungen aufbauen. Diese Spannungen führen unmittelbar früher oder später zu einem Zerbrechen des Währungssystems.

Doch auch hier kann man sich schützen bzw. sogar davon profitieren: In solch einem System fester Währungskurse lohnt es sich immer, auf die stärkste Geldeinheit (hier die D-Mark) zu setzen, da in der Krise später die schwächeren Geldeinheiten abgewertet werden. Eine Verschuldung sollte jedoch möglichst in der schwächsten Währung erfolgen, da die Kredite im späteren Crash ebenfalls real gegen die Hartwährung abgewertet werden.

Es lohnt dabei, sich die Funktion von Wechselkursen genau anzusehen.

»Denn freie Wechselkurse haben bisher nicht eine einzige Währungskrise ausgelöst. Im Gegenteil: Sie sind ein Ventil, um unterschiedliche Wirtschaftsentwicklungen in den Ländern auszugleichen. Wird dieses Ventil durch feste Wechselkurse geschlossen, staut sich Reformbedarf auf und entlädt sich wie in Brasilien oder Thailand schließlich in einem Crash.«
Die Welt, 19. Februar 1999

FEHLER NR. 6 – FESTE WECHSELKURSE

Konsequenzen – Warum feste Wechselkurse nicht funktionieren

Das Problem jeder Währungsgemeinschaft ist, daß sich in ihr die Länder wirtschaftlich ungleich entwickeln. Durch festgelegte Wechselkurse können sich die Währungen nicht mehr über den Wechselkurs an diese Ungleichheiten anpassen – es kommt zu ständig steigenden Spannungen. Diese Spannungen führen dann nach einiger Zeit zur Sprengung der Gemeinschaft und einer Krise. Dies war das Problem der Goldwährung, des Bretton-Woods-Systems wie auch das des nächsten Fehlers: des Europäischen Währungssystems.

An dieser Stelle ist es wichtig, sich erst einmal darüber klar zu werden, warum feste Wechselkurse stets zu einer Krise führen müssen.

Was immer wieder übersehen wird, ist die Tatsache, daß die Länder weltweit und innerhalb Europas völlig unterschiedliche Gegebenheiten wie die Strukturierung der Wirtschaft (mehr landwirtschaftlich oder mehr industriell), Klima (kalt, gemäßigt oder heiß) und auch die Einstellung zur Arbeit (mehr oder weniger zum Beispiel zu Streiks neigend) aufweisen. Ein eigener Währungsraum hat nun die Aufgabe, jedes dieser unterschiedlichen Gebiete wirtschaftlich zu stabilisieren. Der Ausgleichsfaktor oder Währungspuffer ist der freie Wechselkurs. Der Wechselkurs gestattet eine Aussage darüber, wieviel Geldeinheiten des einen Staates aufgebracht werden müssen, um eine Geldeinheit eines anderen Währungsraumes zu erhalten. Es wird also damit ausgedrückt, wie viele Euros beispielsweise jemand für einen Dollar bezahlen muß, wenn er Euro in

US-Dollar tauschen möchte. Man unterscheidet hier zwischen einem flexiblen und einem festen Wechselkurs. Wird der Währungspuffer oder sogar das eigenständige Zahlungsmittel eines Staates beseitigt, so hat dies, wie wir noch sehen werden, fatale Auswirkungen auf die künftige Entwicklung des Landes. Grundsätzlich lassen sich hier drei Währungsmodelle zwischen den Staaten aufzählen:

- Flexible Wechselkurse
- Feste Wechselkurse
- Einheitswährung (Euro, Goldwährung)

Die Einheitswährung ist dabei die noch schärfere Form eines Systems, das auf festen Wechselkursen basiert. Wobei das Funktionieren einer Einheitswährung wie dem Euros erst einmal das Funktionieren von festen Wechselkursen bedingt, wie wir noch sehen werden.

Zuerst sollte hier nun die Funktion von Wechselkursen auf die Wirtschaft unterschiedlich strukturierter Staaten geklärt werden.

Die selbstregulierende Ordnung mit flexiblen Wechselkursen

Ein flexibler Wechselkurs bedeutet, daß der Austauschkurs zwischen zwei Währungsgebieten nicht festgelegt wird und auch nicht versucht wird, diesen in irgendeiner Weise künstlich zu beeinflussen. Er unterliegt also den Marktkräften von Angebot und Nachfrage. Wird eine Währung mehr nachgefragt, so steigt der Preis für dieses Geld, also der Wechselkurs. Würden vermehrt Bürger ersparte Euros in US-Dollar wechseln, so müßte der US-Dollar im Kurs steigen, dann müßten also immer mehr Euros aufgebracht werden, um einen Dollar zu erhalten.

Je nach wirtschaftlicher Entwicklung der Länder stellt sich dann der Kurs auf unterschiedliche Niveaus ein und gleicht damit die Wirtschaftsschwankungen der Staaten untereinander aus. Was bedeutet dies?

Wenn beispielsweise ein Land mit eher schwächerer Wirtschaftsentwicklung (z. B. ein Entwicklungsland) einen flexiblen Wechselkurs zu einem starken Industrieland hat, dann wächst die Wirtschaftsleistung in dem Industrieland schneller als in dem schwachen Staat.

Weil das Wirtschaftswachstum im Industrieland größer ist als im Entwicklungsland, ist dieses für den international orientierten Investor attraktiver, weil höhere Gewinne zu erwarten sind. Da nun mehr Kapital in den Industriestaat investiert wird, dessen Währung also attraktiver wird, steigt der Preis für das Geld dieses Landes. Entsprechend muß der Wechselkurs des Entwicklungslandes zum Industrieland sinken, da die Nachfrage nach dessen Währung nicht zugenommen hat.

Der Austauschkurs der Währung beeinflußt nun entscheidend den Außenhandel eines Landes: Ein steigender Wechselkurs bedeutet, daß die Exporte schwieriger werden, weil das Ausland mehr eigene Währung aufwenden muß, um das aufgewertete Geld des Industrielandes für den Warenkauf zu erhalten – die Produkte dieses Staates werden also für das Ausland teurer, auch wenn sich am Preisniveau im Inland nichts verändert hat. Gleichzeitig werden Importe für den Staat attraktiver, weil die aufgewertete Währung es erlaubt, im Ausland billiger einzukaufen. Im Ergebnis führt also eine Aufwertung dazu, daß die Exporte sinken und die Importe steigen.

Umgedreht sieht es für das Entwicklungsland aus, dessen Währung im Kurs gefallen ist: Für diesen Staat werden die Ausfuhren einfacher, da das Ausland durch den günstigeren Umtauschkurs billiger einkaufen kann. Gleichzeitig müssen die Einfuhren in das Entwicklungsland schwerer werden, weil mehr eigene Währung aufgewandt werden muß, um die Güter im Ausland zu kaufen, die Waren also für das Entwicklungsland effektiv teurer werden. Die Abwertung einer Währung führt also dazu, daß die Exporte zunehmen und die Importe sinken.

Der Regelmechanismus Wechselkurs

Der Wechselkurs hat nun eine ausgleichende Wirkung zwischen den beiden Staaten: Weil für das Industrieland die Importe steigen, das heißt im Ausland vermehrt eingekauft wird, steigt damit die Nachfrage nach der Währung des Entwicklungslandes, womit der Wechselkurs (für das Industrieland) wieder zu sinken beginnt. In die gleiche Richtung führen die vermehrten Exporte des Entwicklungslandes, was wieder zu einem Kapitalzufluß beiträgt, weil das Ausland (Industrieland) vermehrt das Geld des Entwicklungslandes dafür benötigt.

Das Ergebnis wird nun sein, daß sich der flexible Wechselkurs soweit verändert, daß Importe und Exporte sich wieder angleichen, auch wenn im Gesamten die wirtschaftliche Entwicklung der beiden Staaten unterschiedlich schnell verläuft.

Es handelt sich beim flexiblen Wechselkurs also um eine Ordnung, die sich selbst reguliert, ähnlich einem Thermostaten, der die Temperatur in einem Raum regelt. Fällt die Temperatur, so schaltet der Thermostat die Heizung an, steigt sie über die eingestellte Grenze, so wird diese gedrosselt und damit die Temperatur in einem konstanten Bereich gehalten.

Ähnlich ist die Wirkungsweise des flexiblen Wechselkurses auf den Außenhandel der Länder: Steigt der Austauschkurs eines Landes, so wirken dem die zunehmenden Importe und steigenden Exporte des Auslandes als Regulator entgegen. Es kann also nicht zu einer ausufernden, unkontrollierten Entwicklung kommen, so daß ein Land regelrecht ausblutet und sein Kapital durch Kapitalflucht verliert.

Ein weiterer Regelmechanismus ist der flexible Tauschkurs an sich: Fällt der Kurs eines schwachen Landes, so verhindert dies gleichzeitig ein Abwandern von Kapital aus diesem Land. Für den im schwachen Land investierenden Kapitalbesitzer, der schnell in eine andere Währung wechseln möchte, um der Abwertung zu entgehen, bedeutet das: Er muß mit zunehmender Abwertung gleichzeitig immer mehr Geld des abwertenden Landes aufwenden, um in eine andere Währung wechseln zu können – es erscheint also für ihn immer weniger lukrativ, sein Geld überhaupt zu wechseln. Zusätzlich fällt der Kurs noch schneller, je mehr Geld in dem schwachen Land gewechselt wird. Es handelt sich damit um einen sich selbst steuernden Regelmechanismus. Bei flexiblen Wechselkursen kann es deshalb keine Kapitalflucht geben. Hätte beispielsweise Rußland vor der Währungskrise 1998 oder Argentinien im Jahre 2001 freie Wechselkurse gehabt, dann wären eine Kapitalflucht und die daraus entstandenen schweren Schäden unmöglich gewesen. Die Abwertung der Währung allein hätte das Umtauschen des russischen Rubels in den US-Dollar zunehmend teurer und damit immer weniger attraktiv gemacht und letztlich die Kapitalflucht gänzlich unterbrochen. Demgegenüber versuchte damals die Notenbank, den Wechselkurs des Rubels zum US-Dollar dadurch zu halten, daß sie die vorhandenen Devisenreserven einsetzte. Deshalb konnten die großen Kapitalbesitzer verlustlos über einen längeren Zeitraum ihr Geld in Dollar wechseln, und das Kapital wurde tatsächlich aus dem Land herausgezogen – bis die Reserven verpulvert waren.

Deutlich wird die Funktion des flexiblen Wechselkurses auch anhand der Lohnstückkosten: Diese sind ein Maß dafür, wieviel Lohn in einer Volkswirtschaft investiert werden muß, um Güter zu produzieren. Wenn also ein Land im Vergleich zu einem anderen steigende Lohnstückkosten aufzuweisen hat, dann bedeutet das, daß es wirtschaftlich zurückbleibt. Für den Kapitalinvestor ist solch ein Land weniger attraktiv, da die zu erwartenden Gewinne im Vergleich zu den Lohnkosten geringer sein werden als in einem Staat mit nur geringer Lohnstückkostensteigerung.

Man unterscheidet hier zwischen sogenannten nominalen Lohnstückkosten, also den Beträgen, die in der jeweiligen Inlandswährung ausgedrückt werden, und sogenannten realen Lohnstückkosten, also dem Betrag, der in einer Auslandswährung unter Berücksichtigung des Wechselkurses ausgedrückt wird.

Um die unterschiedliche wirtschaftliche Entwicklung verschiedener Staaten darzustellen, muß man sich die nominalen Lohnstückkosten ansehen, also den Wechselkurseinfluß außer acht lassen. Interessant ist hierbei die Entwicklung in Europa.

Wie aus Abb. 12 auf der nächsten Seite ersichtlich wird, entwikkelten sich die nominalen Lohnstückkosten innerhalb Europas sehr stark auseinander. Während die von Deutschland relativ konstant waren, konnte für Frankreich ein starker Anstieg zwischen Mitte der 1970er und Mitte der 1980er Jahre festgestellt werden. Noch extremer sieht es für wirtschaftlich schwache Länder wie Spanien und Italien aus: Hier hält der Anstieg der nominalen Lohnstückkosten bis in unsere Zeit unvermindert an. Dies ist ein Indiz dafür, daß sich viele Staaten innerhalb Europas deutlich auseinanderentwickeln, was früher kein Problem darstellte, da der ständig angepaßte Wechselkurs im ECU-System einen Ausgleich schuf. Daß die schwachen Länder in einem System flexibler Wechselkurse auch ihr Auskom-

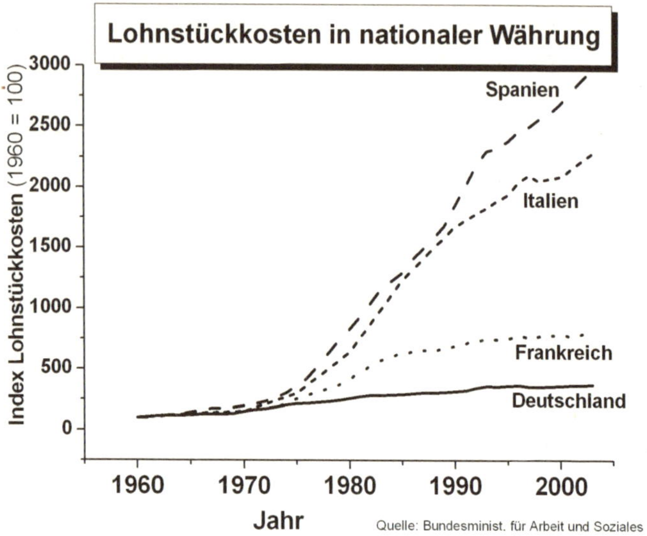

Abb. 12: Nominale Lohnstückkosten ohne Berücksichtigung des Wechselkurses

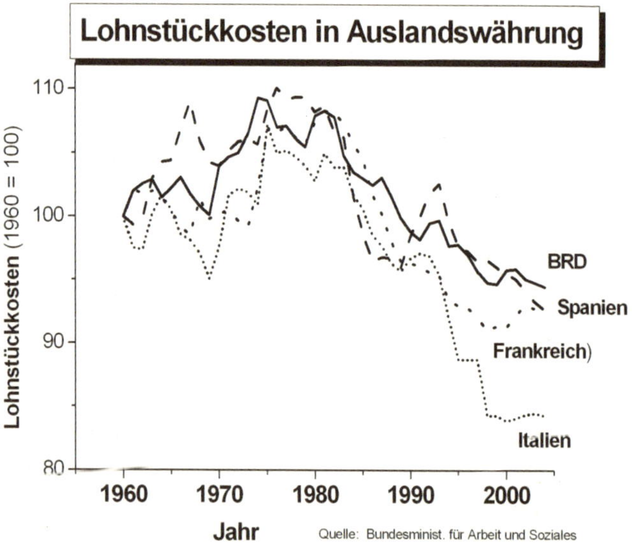

Abb. 13: Reale Lohnstückkosten bei Berücksichtigung der Wechselkurse

men finden, wird deutlich, wenn man für die Lohnstückkosten noch die Wechselkurse einbezieht und die sogenannten realen Lohnstückkosten erhält (Abb. 13).

Durch die wiederholten Abwertungen konnten sich die schwachen Länder wie beispielsweise Spanien oder Italien trotz der Zunahme der nominalen Lohnstückkosten weiter auf dem Weltmarkt etablieren. Durch die Abwertung wurden die Produkte der schwachen Staaten wieder für das Ausland effektiv billiger und um so mehr nachgefragt, die Exporte konnten also ausgedehnt werden. Ganz anders sieht es aus, wenn man diesen Ausgleichsmechanismus versperrt.

»Die künstliche Stabilisierung von Wechselkursen ist gefährlich und kann zu einer Explosion führen.«
Hans Tietmeyer, Ex-Bundesbankpräsident zur Asien-Krise

Das Krisensystem mit festen Wechselkursen

Fester Wechselkurs bedeutet, daß ein Land zu einem anderen den Austauschkurs seiner Währung festsetzt und diesen mit Notenbankinterventionen zu verteidigen versucht.

Ein System, das auf einem festen Wechselkurs aufbaut, gleicht einem gesperrten Thermostaten, der die Temperatur in einem Raum nicht mehr regulieren kann und eine konstante Heizleistung beibehält, unabhängig davon, wie sich die Umgebungsverhältnisse verändern. Das funktioniert so lange, wie die dem Raum zugeführte Wärme gleich der Wärmeabgabe ist. Sollte diese jedoch größer oder kleiner werden (Winter/Sommer), so gerät das System mangels Steuerungsmechanismus aus dem Gleichgewicht. Im Sommer würde die Heizung zusätzlich heizen, statt abzuschalten, im Winter würde die Heizleistung nicht ausreichen und der Raum zu stark abkühlen.

Ähnlich verhält es sich bei der Währung mit festem Wechselkurs: Solange sich die beiden betroffenen Länder im gleichen Maße weiterentwickeln, ist keine Wechselkursanpassung nötig – auch der flexible Wechselkurs würde hier konstant bleiben. Wird das Gleichgewicht jedoch dahingehend gestört, daß ein Land plötzlich einen stärkeren Wirtschaftszuwachs oder eine höhere Inflation bzw. einen stärkeren Kapitalzustrom aufweist, so kommt es zu einer Reihe von Ungleichgewichten.

Häufig wird der Fehler begangen, gerade die festen Austauschkurse mit Stabilität gleichzusetzen, was sich jedoch bald in einer Währungskrise als Trugschluß herausstellt!

So meinte etwa der französische Staatspräsident Chirac einmal, daß man auf Dauer kein System ständig schwankender Wechselkurse hinnehmen und man nicht auf finanzielle Stabilität in der Welt hoffen dürfe, solange schwankende Wechselkurse akzeptiert würden. Was Chirac hier übersah, ist die Tatsache, daß Wechselkursänderungen nur Anzeigeinstrumente dafür sind, daß sich verschiedene Staaten auseinanderentwickeln und die Abschaffung dieser Instrumente keineswegs die Probleme löst, sondern sogar noch weiter verstärkt.

Empirische Studien haben ergeben, daß Länder mit flexiblen und stark schwankenden Wechselkursen keine grundsätzlich andere Wirtschaftsentwicklung hatten als Länder mit stabileren Kursen. Im Gegenteil zeigten sich die Wechselkursänderungen als Puffer zur Abfederung exogener Störungen, etwa hoher Inflation oder einem Konjunktureinbruch bei wichtigen Auslandspartnern.

Feste Wechselkurse zwischen ungleichartigen Staaten enden früher oder später immer in einer Krise. Man könnte den Vorgang auch mit einem Luftballon vergleichen, dessen Luftregulation verstopft ist und der deshalb immer weiter aufgeblasen wird und irgendwann mit einem lauten Knall platzen muß. Genauso führen die Festkurssysteme zu immer mehr Ungleichgewichten in der Wirtschaft, bis es zu einem katastrophalen Zusammenbruch kommt.

»Wenn Leute wie ich ein Währungssystem stürzen können, stimmt das System nicht.«
George Soros, Spekulant

Zunehmende Ungleichgewichte

Das zuerst sichtbare Problem des festgesetzten Tauschkurses ist das steigende Mißverhältnis zwischen Import und Export: Da in unserem Beispiel das Entwicklungsland immer mehr hinter der Wirtschaftsleistung des Industrielandes hinterherhinkt und eine Anpassung über den Wechselkurs ausbleibt, gibt es für das Ausland immer weniger Grund, die teuren Waren des schwachen Landes zu kaufen. Die Exporte werden also im Vergleich zu den Importen zurückgehen – es entsteht ein sogenanntes Handelsbilanzdefizit. Das bedeutet jedoch, daß sich die Volkswirtschaft des Entwicklungslandes im Ausland verschulden muß, um die fehlende Differenz zwischen Importen und Exporten finanzieren zu können. Es kommt also schon allein aufgrund der immer höheren Zinslasten an das Ausland zu steigenden Spannungen.

Daneben steigt auch die Verschuldung der Unternehmen des schwächeren Staates im Ausland an. Weil im allgemeinen der Zinssatz für Kredite in stärkeren Staaten kleiner ist als in einem schwachen Land, werden vermehrt Verpflichtungen im Ausland eingegangen. Da der feste Wechselkurs diesen Kapitaltransfer nicht unterbinden kann, expandiert die Schuldenaufnahme der Unternehmen stark. Die Hoffnung besteht darin, die Schulden zum günstigeren Zinssatz über die festgesetzte Austauschrate jederzeit zurückzahlen zu können – eine Hoffnung, die allerdings, wie wir noch sehen werden, enttäuscht werden muß.

Ein weiterer Störfaktor bei festgelegten Wechselkursen ist die einsetzende Kapitalflucht. Viele Bürger in dem Entwicklungsland trauen der eigenen Währung nicht und versuchen, in das Geld stärkerer Staaten (wie den US-Dollar) zu wechseln. Ein flexibler Wechselkurs würde dem durch eine Abwertung der eigenen Währung entgegenwirken, was im festgezurrten Modell jedoch unmöglich ist und die Notenbank dazu zwingt, die Zinssätze auf höhere Niveaus anzuheben. Dies bringt wiederum die Unternehmen weiter unter Druck und zwingt zu noch stärkerer Aufnahme von Krediten im Ausland.

Nach einigen Jahren zunehmender Instabilität erkennen finanzkräftige internationale Spekulanten die verwundbare Lage der Staaten und erhöhen den Druck auf den Wechselkurs dadurch, daß sie sich in dem schwachen Land kräftig verschulden und sofort in harte Währung über den festen Wechselkurs umwechseln. Dies zwingt die Notenbank dazu, vermehrt Devisenreserven einzusetzen, um den künstlich festgezurrten Wechselkurs stabil zu halten. Dies ist jedoch nur für begrenzte Zeit möglich, und sobald die Reserven verpulvert sind, muß der Wechselkurs freigegeben werden. Dieser fällt dann jedoch nicht auf das ökonomisch angemessene Niveau eines flexiblen Kurses, sondern sinkt durch panikartige Kapitalflucht auf einen weit niedrigeren Wert. Die Spekulanten können dann die kurzfristigen Schulden über einen weitaus günstigeren Wechselkurs zurückbezahlen und streichen kräftige Währungsgewinne ein. Übrig bleibt dann ein Land mit hoher Auslandsverschuldung, die zum Vielfachen des vorigen Wertes zurückbezahlt werden muß, weil die inländische Währung durch die Krise stark abgewertet wurde. Außerdem ist das Vertrauen in die Wirtschaft auf lange Sicht zerstört, und hohe Zinsen würgen jede weitere Entwicklung ab. In der Regel sind solche Länder dann auf »IWF-Hilfen« angewiesen, also neue Auslandskredite, die vom Internationalen Währungsfond vermittelt werden. Ein solches Land ist dann kaum noch in der Lage, je wieder Boden zu fassen, wie die Währungskrisen der zurückliegenden Jahre eindrucksvoll belegten.

Häufig wird der Fehler begangen, gerade die flexiblen Wechselkurse für die Währungskrisen verantwortlich zu machen; man übersieht jedoch ganz, daß erst die durch feste Austauschkurse entstandenen Spannungen zum Kollaps der Währung führten. Das Mitglied im Direktorium der Europäischen Zentralbank, Otmar Issing, nannte allgemein Wechselkursbandbreiten (das künstliche Halten von Wechselkursen in bestimmten Grenzen) sogar eine Einladung an Spekulanten. George Soros konnte 1992 ohne Risiko gegen das englische Pfund spekulieren und in 14 Tagen zehn Milliarden Dollar verdienen, weil die Notenbanken die Kurse stützen mußten. Bei flexiblen Wechselkursen könnten sich die Spekulanten jedoch nie sicher sein, ob es nicht zu Gegenbewegungen kommt. Leider zog Issing nicht den logischen Schluß, daß damit feste Wechselkurse und der Euro ökonomisch nicht vertretbar sind und nur flexible Wechselkurse letztlich zu Gleichgewicht und Stabilität führen.

Die Geschehnisse der letzten Jahre sind eindrucksvolle Beweise dafür, daß feste Wechselkurse und, wie wir später noch sehen werden, erst recht Einheitswährungen zum Zusammenbruch verurteilt sind. Deutlich wird auch, welche fatalen Folgen eine falsche Währungspolitik anrichtet.

Was bei der Diskussion um Wechselkurse häufig vergessen wird, ist die Tatsache, daß flexible Tauschkurse zu einer ausgeglichenen Handelsbilanz führen, also Importe und Exporte angleichen, während feste Kurse zu zunehmenden Handelsbilanzdefiziten und damit Spannungen führen müssen.

Handelsbilanz-Ungleichgewichte – Bedrohung für den Frieden

Nur bei einer Ausgeglichenheit von Geben und Nehmen, also von Import und Export, kann dauerhaft Frieden bestehen. Sobald ein Land (wie Deutschland) einen Exportüberschuß hat, muß zwangsläufig ein anderes Land ein Exportdefizit, und damit Kapitaldefizit, aufweisen. Langfristig entstehen dadurch Spannungen, die dem Frieden nicht dienlich sein können.

Vor allem gerät das Land mit dem Handelsbilanzdefizit zunehmend in die Klemme, weil die Lücke zwischen Importen und Exporten nur mit zunehmenden Auslandskrediten geschlossen werden kann. Mit diesen Krediten sind hohe Zinslasten verbunden, die jedes Land langfristig ruinieren müssen. Gleichzeitig entfällt mit zunehmender Höhe der Auslandskredite die Möglichkeit, den Wechselkurs wieder freizugeben, weil es sonst zu einem Wechselkursabfall und damit einer Aufwertung der Schulden kommen würde. Ein Staat mit festen Wechselkursen hat also immer weniger die Möglichkeit, den einmal gemachten Fehler wieder zu korrigieren, ohne den Bankrott zu riskieren, wie wir am Beispiel Argentinien noch sehen werden. Damit entsteht auf diese Nation ein wachsender Druck, ihre Exporte durch aggressive Preispolitik auszuweiten. Da andere Staaten in der gleichen Falle gefangen sind, kommt es zu einem ruinösen Wettbewerb auf dem Weltmarkt, der in der Vergangenheit oftmals auch militärisch ausgefochten wurde.

Ausgeglichene Handelsbilanzen entstehen, wie wir gesehen haben, bei freiem Wechselkurs: Wenn z. B. die Importe ansteigen, würde der Wechselkurs darauf automatisch mit einer Abwertung der inländischen Währung reagieren. Damit aber werden (weil die Güter für das Ausland billiger werden) die Exporte erleichtert und gleichzeitig die Importe erschwert (weil die ausländischen Waren teurer werden), bis Importe und Exporte wieder ausgeglichen sind. Die Einführung des Euros verhindert im produktivitätsinhomogenen Europa jeden Ausgleich der Länder untereinander. Es wird zur

Ausbildung sowohl von Reichtums- als auch von Armutszonen kommen. Wechselkurse haben also die Aufgabe, unterschiedliche Produktivitätsraten der einzelnen Länder auszugleichen, so daß starke wie schwache Länder wirtschaftlich stabil bleiben. Gleichzeitig werden die Handelsbilanzen ausgeglichen. Daneben wird durch schnelle Anpassung des Kurses Kapitalflucht unterbunden. Das Etablieren eines Festkurssystems, wie es der Euro in der Einführungsphase darstellt, zeigt – wie wir später noch sehen werden – schlimme Folgen für die Wirtschaft.

Bedeutung für die heutige Zeit

Wie wir schon gesehen haben, führen feste Wechselkurse zwischen ökonomisch ungleichen Gebieten immer zu einer Krise. Vor allem die neuen Beitrittsländer in der EU haben feste Wechselkurse zum Euro aufgebaut. Da sich diese Volkswirtschaften anders entwickeln als die übrige EU, wird es früher oder später zu Spannungen kommen. Eine Investition in solchen Ländern ist deshalb durchaus kritisch zu betrachten.

Die Wechselkurspolitik spielt auch beim wachsenden Handelsbilanzdefizit der USA eine Rolle. Nur durch eine hohe Bewertung des Dollars kann über eine wachsende Auslandsverschuldung der Import gegenüber dem Export gesteigert werden. Normalerweise würde sich diese Differenz durch einen sinkenden Dollar-Kurs ausgleichen, was jedoch bisher verhindert wurde. Durch dieses Handelsbilanzdefizit kommt es (wie später noch zu zeigen sein wird) zu einem immer größeren Druck auf den Dollar und zu wachsenden Spannungen. Eine neue Weltwirtschaftskrise kann die Folge sein, wenn sich diese Ungleichgewichte entladen.

Neben festen Wechselkursen gibt es auch die Möglichkeit, gleich eine andere Währung in einem Gebiet einzuführen. Dies zeigt jedoch noch massivere Auswirkungen, wie die Zerstörung der Neuen Bundesländer belegte.

»Keiner will frei sein, denn keiner will die Wahrheit wissen.«
Der Bär, Hopi

Fehler Nr. 8 – Die Zerstörung der Neuen Bundesländer

Der Zusammenbruch der DDR kam für viele Politiker sehr überraschend. Zunächst herrschte große Ungewißheit darüber, in welche politische und wirtschaftliche Richtung sich Deutschland ab diesem Zeitpunkt entwickeln würde. In dieser Zeit des Aufbruchs fällte jedoch der damalige Bundeskanzler Kohl eine folgenschwere Fehlentscheidung, als er plötzlich die Einführung der D-Mark in der DDR forderte. Durch kräftige Unterstützung der Medien wurde in der Masse der Wunsch nach der Westwährung erzeugt. Dabei informierte man die DDR-Bewohner jedoch nicht über die katastrophalen Folgen, welche die Einführung der Westwährung zeigen mußte. Dabei war die Einführung der D-Mark in der damaligen DDR schon mehr als seltsam: Noch am 6. Februar 1990 wies der damalige Bundesbankpräsident Pöhl die Idee einer einheitlichen Währung als »sehr phantastisch« zurück; am selben Abend unterbreitete Kohl dann das Angebot für den deutsch-deutschen DM-Verbund. Pöhl kündigte im Mai 1991 seinen vorzeitigen Rücktritt an.[23]

Die Einführung der Westwährung in den Neuen Bundesländern war absichtlich geplant und durchgeführt. Dabei war den Entscheidungsträgern von vornherein klar, welch katastrophale Folgen die Maßnahme für beide Teile Deutschlands haben mußte. Vermutlich diente die Aktion dazu, die Wirtschaftskraft des vereinigten Deutschlands auf Jahrzehnte hinaus zu schwächen, da sonst unter Umständen die weitergehenden Pläne der herrschenden Schicht durcheinandergeraten wären. Nach Einführung der D-Mark kam es augenblicklich zu einem Zusammenbruch der im Vergleich zu anderen Ostblockländern guten Wirtschaft der DDR. Außerdem fiel über Nacht der gesamte Außenhandel mit der Sowjetunion (der größte Außenhandel der Welt zwischen zwei Ländern) weg, da die harte D-Mark keinen Handel mehr mit einem schwachen Rubel ermöglichte. Durch einen entsprechend günstigen Wechselkurs der Ost-

Mark gegenüber der D-Mark hätte die DDR mit dem Westen, genau wie heute Spanien in Europa, konkurrieren können. Mit Einführung des West-Geldes jedoch mußte auf Basis einer für dieses Land viel zu harten Währung konkurriert werden. So gerieten die Neuen Bundesländer in Abhängigkeit vom Westen. Nach einer Aufwertung um fast 400 Prozent erfolgten sofort Betriebsschließungen, was zu Massenarbeitslosigkeit führte.[24] Nur durch massive Transferleistungen (1997 Rekordwert von 96 Milliarden Euro[25]) konnte ein Abrutschen der früheren DDR-Bevölkerung auf das unterste soziale Niveau verhindert werden. Ein Drittel des Konsums muß durch Gelder aus dem Westen finanziert werden. Studien gehen davon aus, daß die Neuen Bundesländer noch bis zu 30 Jahre auf die kräftige Unterstützung der Alt-Bundesländer angewiesen sind.[26] Trotz dieser massiven Hilfszahlungen konnte jedoch eine Abwanderung aus den Neuen Bundesländern nicht verhindert werden. So ist der Bevölkerungsstand von Städten wie Dresden oder Leipzig durch Abwanderung eines Teils der Einwohnerschaft nach Westdeutschland unter das Niveau von 1908 abgerutscht.[27]

Durch Beibehaltung der Ost-Mark wäre das Kapital, das heute nach Tschechien oder nach Ungarn fließt, in die politisch und gesellschaftlich viel stabileren Neuen Bundesländer geflossen. Bei gleichzeitiger Unterstützung des Westens wären hier Massenarbeitslosigkeit und Niedergang vermieden und die Grundlage für dauerhaften Wohlstand geschaffen worden. Heute sind die Wachstumsraten bereits hinter den westdeutschen zurückgeblieben. Das Bruttosozialprodukt pro Einwohner ist gerade halb so groß, und die Lohnstückkosten sind ein Viertel höher wie in Westdeutschland.[28]

Damit werden die neuen Bundesländer wohl auf absehbare Zeit zum Armenhaus Deutschlands gehören. Wahrscheinlich wird das »geeinte Deutschland« unter dem Währungsdruck langfristig zerbrechen. Die anderen Staaten des Ostblock konnten demgegenüber aufgrund der Beibehaltung ihrer eigenständigen Währungen den Großteil ihrer Industriearbeitsplätze retten, obwohl die DDR wesentlich konkurrenzfähiger gewesen wäre. Beispielsweise konnten Tschechien 68 Prozent, Ungarn 77 Prozent und Polen 85 Prozent der Industriearbeitsplätze beibehalten, während dies in der DDR nur 19 Prozent waren.[29]

Die katastrophale Umstellung der Neuen Bundesländer auf das Westgeld erfolgte dabei nicht unwissentlich, sondern absichtlich. So ist einer Kohl-Biographie zu entnehmen, daß der damalige Bundeskanzler gut über die eigentlichen wirtschaftlichen Verhältnisse in der DDR Bescheid wußte: »Helmut Kohl kannte bei seinem ersten Besuch in der DDR nach dem Mauerfall am 19. Dezember 1989 die wirtschaftlichen Schwierigkeiten des sich auflösenden zweiten deutschen Staates sehr genau. ... Dennoch entschloß sich Kohl schon Anfang Februar 1990, in der DDR eine Wirtschafts- und Währungsreform als alleiniges Heilmittel zur Behebung der wirtschaftlichen Not einzuleiten. Das war einer der einsamen Entschlüsse, die er ohne Beratung mit seinen Fachleuten und gegen den Rat der Experten traf.« Dabei wurde die Entscheidung, die D-Mark einzuführen, entgegen den Forderungen der Notenbank erhoben: »Zu der Zeit, als er den Beschluß faßte und mit seinem Finanzminister Theo Waigel besprach, lehnte der damalige Bundesbankpräsident Karl-Otto Pöhl in Übereinstimmung mit seinem DDR-Kollegen Horst Kaminiski eine überhastete Einführung der D-Mark ab. Er wurde später von Waigel auf die Linie der Regierung gezwungen.« Bei diesen Beschlüssen scheinen ökonomische Gründe kaum eine Rolle gespielt haben, da anscheinend nach rein machtpolitischen Gegebenheiten entschieden wurde: »Der Grund für Kohls Drängen waren die Volkskammerwahlen, die in der DDR vor der Tür standen.« Vor allem die Entscheidung, die Währung im Verhältnis 1:1 statt 1:6 umzutauschen, verursachte später große Probleme, da damit die Schulden der Betriebe ebenfalls aufgewertet wurden: »Vollends entsetzt waren die Fachleute, als der Kanzler noch einen Schritt weiterging und verkündete, die DDR-Mark werde im Verhältnis 1:1 zur D-Mark umgestellt. ... Wirtschaftlich bewirkte die Umstellung der Währung eine Katastrophe.«[30]

Bedeutung für die heutige Zeit

Die Zerstörung der Wirtschaft in der ehemaligen DDR belegte deutlich, daß die Einführung einer Hartwährung (D-Mark) in einem Gebiet einer schwachen Wirtschaft zu einem Desaster führt. Es kommt dabei zu einer Kapitalflucht vom Schwachwährungsgebiet

(DDR) zur Region mit der starken Währung (BRD). Mit den Folgen haben wir heute noch zu kämpfen: Eine hohe Arbeitslosigkeit durch eine beinahe komplette Deindustrialisierung und eine massive Abwanderung der Bevölkerung in den Westen waren die Folgen. Eine schnell wachsende Staatsverschuldung kam nach dieser Fehlentscheidung ebenfalls noch hinzu.

Eigentlich hatte die Einführung der D-Mark in der ehemaligen DDR gezeigt, daß eine gemeinsame Währung bei wirtschaftlich ungleichen Regionen zu Krisen führt. Trotzdem wurde nur wenig später dieser Fehler wiederholt – bei der Einführung des Euros.

»Der so oft beklagte Anpassungsdruck, der heute in Wechselkursänderungen zutage tritt, bleibt den Unternehmen also auch in der Währungsunion nicht erspart. Nur schlägt er sich dort nicht mehr in Wechselkursbewegungen nieder, sondern in Veränderungen der Lohn- und Preisrelationen oder der Beschäftigung.«
Gemeinschaft zum Schutz der deutschen Sparer,
12. Dezember 1997

Fehler Nr. 9 – Der Euro

Mit dem zerfallenden EWS-System wurde in Maastricht die Einführung einer gemeinsamen Währung beschlossen. Obwohl sich vielfach gezeigt hatte, daß unterschiedliche Währungsräume keine festen Wechselkurse oder gar eine gemeinsame Währung haben können, wurde diese Idee entgegen dem Wunsch der Menschen durchgedrückt.

Die fatale Einheitswährung »Euro«

Einen Schritt weiter als feste Wechselkurse geht die Einführung einer fremden Währung in einem Staat oder der Ersatz nationaler Zahlungsmittel gegen eine Einheitswährung, wie sie der Euro darstellt. Man verspricht sich von einem solchen gemeinsamen Geld mehr Stabilität, da keine Wechselkurse mehr vorhanden sind und damit auch nichts mehr schwanken kann. Vergessen wird dabei allerdings, daß die Wechselkursänderungen nur Regelungsinstrumente dafür sind, daß sich zwischen unterschiedlichen Staaten grundlegende Wirtschaftsparameter wie Wirtschaftswachstum oder Preisniveau verändert haben. Wie im Kapitel über flexible Wechselkurse dargestellt, gleichen diese »Wechselkurspuffer« die unterschiedlichen Entwicklungen aus. Werden diese Puffer durch Festsetzung der Wechselkurse oder, noch schlimmer, durch Einführung einer fremden Währung bzw. einer Einheitswährung beseitigt, dann wird keineswegs die unterschiedliche wirtschaftliche Entwicklung in den einzelnen Ländern angeglichen, sondern es bauen sich Spannungen und Ungleichgewichte auf. Die Einheitswährung stellt die noch schärfere Form eines Krisensystems fester Wechselkurse dar: Bei festgezurrten Tauschkursen können diese wenigstens noch nach leidvollen Krisen freigegeben werden – wenn aber erst einmal alle nationalen Währungen durch den Euro beseitigt sind, ist dies im Gegensatz dazu nachträglich kaum mehr rückgängig zu machen. Die Funktion einer Einheitswährung würde also voraussetzen, daß feste Wechselkurse langfristig ohne Probleme zwischen den beteiligten Ländern funktionieren könnten. Davon kann allerdings keine Rede sein, wie das Festkurssystem des Euro-Vorgängers ECU deutlich machte: Das ECU-System sollte eigentlich feste Wechselkurse (in geringen Bandbreiten) sicherstellen, doch schon die häufigen Anpassungen zeigten, daß dies nicht funktionierte. Seit dem Bestehen des EWS (Europäisches Währungssystem) 1979 mußten bis 1997 insgesamt 22 Anpassungen der Kurse stattfinden. Das System mußte damit praktisch jährlich an die geänderten Verhältnisse zwischen den ungleichen Partnern angeglichen werden, um Spannungen zu vermeiden. Doch dieses starre System funktionierte nicht und wurde 1992 durch den Spekulanten George Soros gesprengt, als er die italienische Lira und das englische Pfund gegeneinander ausspielte. Selbst hohe Stützungssummen konnten das marode System nicht vor dem Verfall retten: 1992 intervenierte die britische Regierung mit 50 Milliarden Dollar, konnte den Wechselkurs jedoch trotzdem nicht halten.

Auch das einsetzende Wirtschaftswachstum in Großbritannien

nach dem Ausscheren aus dem Europäischen Währungssystem belegt die Effektivität freier Wechselkurse und die zwangsläufigen Probleme festgezurrter Wechselkurse und erst recht einer Einheitswährung. Dort wird inzwischen der 16. September 1992, der Tag des EWS-Ausstiegs, nicht mehr als »Schwarzer Mittwoch«, sondern als »Weißer Mittwoch«, als Befreiung vom Europäischen Währungsjoch, bezeichnet. Die Überbewertung des englischen Pfundes um 15 bis 20 Prozent erdrosselte die Exporte Großbritanniens und stießen das Land in eine Wirtschaftskrise, was bei flexiblen Wechselkursen nicht der Fall gewesen wäre.

Wie groß die wirtschaftlichen Ungleichgewichte in Europa sind, wird an der nominalen Änderung der Wechselkurse der stärksten und schwächsten Währungen deutlich, die sich schon zwischen 1991 und 1995 um über 43 Prozent änderten. An eine dauerhaft stabile Währungsunion ist bei solch inhomogenen Verhältnissen nicht zu denken, und die Ungleichgewichte müssen sich immer weiter aufschaukeln und zu schweren Krisen führen.

Der Euro – der sichere Weg in die Währungskatastrophe

Aufgrund der immer schlimmer werdenden wirtschaftlichen Probleme und der Unfähigkeit der Politiker, die Mißstände zu beseitigen, nimmt auch bei der normalen Bevölkerung langsam die diffuse Angst zu, es könnte etwas mit unserem Wirtschaftssystem nicht stimmen.

Hierzu hat auch der Euro beigetragen, bei dessen Einführung die Bevölkerung überhaupt nicht darüber abstimmen konnte, ob sie die von Politikern und Wirtschaftsbossen durchgepeitschte Einheitswährung überhaupt haben wollte.

Zur Zeit der Euro-Einführung im Jahre 2002 waren nach Umfragen über 90 Prozent gegen die Einheitswährung. Sogar vier Jahre nach der Etablierung des ungeliebten Einheitsgeldes gab noch immer eine Mehrheit der Menschen in Deutschland an, nicht in Euro, sondern in D-Mark-Preisen zu denken und zu rechnen. Das bedeutet, daß der Euro in der Gesellschaft bis heute nicht akzeptiert und damit verankert ist. Genau dieser Umstand könnte sich noch bitter rächen: Da die Einheitswährung nicht aus dem Wunsch der europäischen Bevölkerung nach einem neuen Geld gewachsen ist und nicht freiwillig akzeptiert wurde, ist auch die Tendenz hoch, den Euro wieder aufzugeben. Die Folge wäre eine Währungsreform, die sicher noch viel schmerzlicher ablaufen würde als die Einführung des nicht zu unrecht als »Teuro« beschimpften Einheitsgeldes.

Der Euro – eine Währung, zum Zusammenbruch bestimmt

Nicht zu vergessen ist: Die Einführung des Euros wurde mit großem Medieneinsatz forciert. Die große Mehrheit der Bevölkerung in Europa war gegen diese Einheitswährung. Dabei begannen die Kampagnen für die europäische Einheit schon in den 1950er Jahren, als beispielsweise eine französische Wochenschau die angeblich vorbildliche Entwicklung der Sowjetunion als Beispiel dafür anführte, daß Europa auch einen großen Wirtschaftsraum brauche. Dadurch würden Angebot und Nachfrage steigen und sowohl die Betriebe als auch die Landwirtschaft davon profitieren. Nach dem Scheitern der EU in der Landwirtschaftspolitik und dem Zerfall der Sowjetunion lassen sich heute solche Argumente kaum noch anführen, weshalb die Propaganda zum Euro diesmal in anderer Richtung und massiver geführt wurde. Schon dieser Umstand zeigt, daß das Großkapital an der Einheitswährung starkes Interesse gehabt haben muß und diese deshalb gegen alle Widerstände durchgesetzt wurde! Wenn sich die Politiker ansonsten in fast allen Fragen uneinig sind, so waren sie bei der Aufgabe der Währungssouveränität doch eigenartigerweise gleicher Meinung! Die Einführung der Einheitswährung wurde mit weit über 90 Prozent Zustimmung der Abgeordneten im Bundestag abgesegnet, obwohl der Großteil der Bevölkerung gegen das Projekt war. Eigentlich sollte das Parlament die Wünsche des Volkes wiederspiegeln und repräsentieren, doch war davon wenig zu bemerken. Umfragen ergaben später, daß die Politiker weder über die Zusammenhänge Bescheid wußten noch grundsätzliche Daten, wie beispielsweise die Stabilitätskriterien, auch nur annähernd kannten. Ganz im Gegensatz dazu waren im Herbst 2000 ganze 63 Prozent der Deutschen, im Osten sogar 77 Prozent, gegen die Abschaffung der D-Mark. Schon anhand der Hartnäckigkeit, mit der die unbeliebte Maßnahme gegen das eigene Volk durchgepeitscht wurde, kann vermutet werden, daß die Entscheidungsträger möglicherweise unter enormem Druck gestanden haben.

Wie ich bereits schrieb, rechnet noch heute die Mehrheit der Befragten im Kopf in nationalen Währungen. Dies bedeutet, daß der Euro bei den Menschen nicht akzeptiert ist. Er ist eine durch wenige Politiker mit undemokratischen Methoden eingeführte Zwangswährung. In einer Krise wird deshalb die Motivation gering sein, diese Einheitswährung irgendwie aufrechtzuerhalten. Italien kündigte bereits im Jahre 2005 an, aus dem Euro-Verbund auszuscheiden, sollten die wirtschaftlichen Schwierigkeiten noch weiter zunehmen. Wenn erst einmal ein Land den Euro-Verbund verläßt, dann zerfällt die Einheitswährung sehr schnell völlig. Die Folge wird eine Krise sein, die mit hohen Kosten für die Menschen verbunden sein muß. Doch mit der Einführung des Euros haben die Fehlentscheidungen noch kein Ende gefunden. Man meint nun sogar, die Wirtschaft würde stabiler werden, wenn in die EU und den Euro noch mehr Länder integriert würden.

Daß der Euro heute schon nicht stabil ist und nur Spannungen erzeugt, erkennt man beispielsweise daran, daß sich allein in Spanien das Zahlungsbilanzdefizit in den ersten elf Monaten des Jahres 2005 explosionsartig um 60 Prozent ausgeweitet hat und 60,7 Milliarden Euro, was 7,3 Prozent des Brutoinlandproduktes (BIP) entspricht, erreichte. Von allen OECD-Ländern hat Spanien damit das größte Zahlungsbilanzdefizit. Das bedeutet, daß damit eine massive Auslandsverschuldung einhergeht. Ursache dieser Entwicklung ist der Euro und die Unmöglichkeit, durch freie Wechselkurse einen Ausgleich zu schaffen.

Damit sind in bezug auf den Euro die Fehlentscheidungen in Europa allerdings noch nicht zu Ende: Die EU wird immer weiter ausgedehnt, auf Nationen, die wirtschaftlich gar nicht mit der ursprünglichen Europäischen Gemeinschaft vergleichbar sind. So haben die neuen Beitrittsländer zusammen gerade ein Bruttosozialprodukt, das dem von Spanien entspricht. Die Handelsbilanzdefizite liegen teilweise im zweistelligen Bereich. Die Aufnahme solcher Länder in die EU, und noch schlimmer in den Euro-Verbund, wird zwangsläufig zu noch größeren Ungleichgewichten führen.

Verschärfung durch die Ost-Erweiterung des Euros

Mit der Ost-Erweiterung der EU und der geplanten Einführung der Einheitswährung in den neuen Beitrittsländern nimmt die Instabilität des Euros noch einmal drastisch zu. Ich gebe nochmals zu bedenken, daß die neuen Beitrittsländer zusammen gerade eine Wirtschaftskraft symbolisieren, die der von Spanien entspricht. Dazu kommt, daß die meisten dieser Länder über enorme Handelsbilanzdefizite verfügen. Dies bedeutet, daß sich in diesen Staaten durch die immer größere Auslandsverschuldung Spannungen aufbauen. Da deren Währung an den Euro gebunden wurde, können flexible Wechselkurse diese Spannungen nicht mehr ausgleichen. Wird dann der Euro eingeführt, wird es noch schlimmer, da den betroffenen Staaten jede Handlungsmöglichkeit genommen ist. So wies beispielsweise Estland noch 2004 ein Handelsbilanzdefizit von 15 Prozent auf – fünfmal mehr als Argentinien, bevor dort die Krise begann. Dazu passend wiesen Experten darauf hin, daß auch die Währung dort in einem ähnlichen System an den Euro gekoppelt wurde, wie damals Argentinien an den Dollar. Ähnlich sieht es in den anderen Baltischen Staaten aus. So hatten im Jahre 2003 Lettland ein Handelsbilanzdefizit von 8,3 und Litauen von 5,6 Prozent. Ebenso liegt das Lohnniveau z. B. eines lettischen Arbeiters mehr als 40 Prozent unter dem EU-Niveau.[31]

Bedeutung für die heutige Zeit

Die Einführung des Euros war eine der fatalsten Maßnahmen der jüngeren Zeit, die auf dem Finanzsektor getroffen wurden. In einer kommenden Krise wird uns der Euro deshalb zusätzliche Probleme bereiten. Obwohl die Einführung der D-Mark in der DDR und das Scheitern des Europäischen Währungssystems deutlich zeigten, daß die Einführung des Euros in einem Desaster enden kann, wurde diese Maßnahme kompromißlos umgesetzt. Was zu erwarten ist, ist eine Auflösung des Euro-Verbundes innerhalb einer kommenden Krise. Tritt erst einmal ein Land aus dem Verbund aus (Italien hatte das schon angekündigt), dann kommt es zu einem schnellen Zerfall des ganzen Systems. Immer mehr Länder werden dann den Euro gegen nationale Währungen ersetzen, bis er am Ende wertlos sein wird. Solch ein Rücktausch in nationale Geldeinheiten wird sicher mit hohen Verlusten für die Sparer verbunden sein. Eine teilweise Geldanlage im Nicht-EU-Raum ist daher sicher eine nützliche Alternative.

Mit den Beschlüssen zur Einführung des Euros im Jahre 1992 ging zeitgleich auf der ganzen Welt eine Reihe von Fehlentscheidungen einher, die zu einer schnellen Überschuldung der aufstrebenden Länder führte. Einige Schuldenkrisen waren die unmittelbare Folge davon.

»Wenn es gilt, das Letzte aus einem Land herauszuholen, schicken die Manager den IWF vor. Seine Anpassungsprogramme passen inzwischen vor allem die Lebensbedingungen der unterernährten und unterversorgten Menschen in der Dritten Welt an die Dividendenforderungen der Bankaktionäre an.«
Frankfurter Rundschau[32]

Fehler Nr. 10 – Die Schuldenkrisen

Schon nach dem Zerfall des Bretton-Woods-System kam es zu einer schnellen Verschuldung der Entwicklungsländer. Zwischen 1970 und 1985 verzehnfachten sich die Verbindlichkeiten, was bedeutete, daß viele dieser Länder ihren Zinsverpflichtungen nicht mehr nachkommen konnten. Die Auslandverschuldung der Entwicklungsländer lag 1955 bei sieben Milliarden US-Dollar und stieg 1970 auf 77 Milliarden US-Dollar an. 1975 lag sie bereits bei 179 Milliarden, und 1980 war sie auf unglaubliche 636 Milliarden US-Dollar angestiegen.

Geschichtlicher Verlauf 1982 bis 2002

Die erste Mexiko-Krise

Im Jahre 1982 erklärte Mexiko seine Zahlungsunfähigkeit, was sich schnell auf andere Entwicklungsländer ausdehnte. Dabei hatte Lateinamerika die größte Schuldenlast zu tragen. Auf diese Region entfielen damals 55 Prozent der langfristigen Bankschulden der Entwicklungsstaaten.

Als Ursache dafür wird angesehen, daß nach dem Ende des Wirtschaftswunders große Mengen an Kapital in die Entwicklungsländer strömten. Aufgrund des steigenden Ölpreises hatten die Ölförderländer immer mehr Geld zur Verfügung, das sie lukrativ bei westlichen Banken anlegten. Diese verliehen das Kapital wieder an die Entwicklungsländer, da es dort hohe Zinsen gab und das Wirtschaftswachstum eine Rückzahlung versprach. Durch die Aufwertung des Dollars Anfang der 1980er Jahre jedoch wurden die auf Dollar lautenden Forderungen für die Entwicklungsstaaten immer drückender.

Durch die Schuldenkrise gerieten viele Länder in den Bankrott und kamen in Folge in die Abhängigkeit des IWF, der nur Kredite gewährte, wenn rigide Forderungen nach einer Wirtschaftsumgestaltung erfüllt wurden. Nach 1987 wurden von Mexiko und anderen lateinamerikanischen Ländern umfassende Reformen durchgeführt, zu denen weitgehende Privatisierungen und Deregulierungen zählten. Deshalb koppelte Mexiko Ende des Jahres 1987 den Peso fest an den Dollar, um die Inflation zu bekämpfen. Tatsächlich sank die Inflationsrate von 159 Prozent im Jahre 1987 auf sieben Prozent im Jahre 1994. Das Land trat dem GATT bei und wurde zu einem Muster-Reformbeispiel des IWF.

Die zweite Mexiko-Krise

Anfang der 1990er Jahre waren dann immer mehr Kapitalzuflüsse zu verzeichnen. Trotzdem blieb das Wirtschaftswachstum mit 1,4 Prozent im Jahre 1994 klein. Es entwickelte sich ein Handelsbilanzdefizit, das im Jahr 1994 fast acht Prozent erreichte. Die angehäuften Schulden waren meist in Dollar festgelegt und nicht gegen Wechselkursrisiken abgesichert. Dadurch entstand ein permanenter Abwertungsdruck auf den mexikanischen Peso, was einen Kapitalabfluß, steigende Zinsen und sinkende Devisenreserven bedeutete. Der Peso mußte dann im Dezember 1994 abgewertet werden, was einen spekulativen Angriff auf die Währung, in Erwartung einer weiteren Abwertung, nach sich zog. Der Wechselkurs änderte sich schnell von 3,5 Peso je Dollar vor der Krise auf 7,5 Peso je Dollar im März 1995. Ein Bankrott des mexikanischen Bankensystems konnte nur durch IWF-Hilfskredite in Höhe von 17,8 Milliarden Dollar (den bis dahin größten IWF-Kredit überhaupt) verhindert werden. Es herrschte die Angst vor einer Ausweitung der Krise auf andere lateinamerikanische Staaten und Auswirkungen auf die USA vor. Durch das Eingreifen des IWF wurde der Eindruck erweckt, daß dieser Fonds immer Länder stützen werde, wenn es nötig ist. Dies führte wiederum dazu, daß Investoren immer risikoreicher investierten.[33]

Nach der Mexiko-Krise kam es zu immer mehr Währungskrisen, die stets durch feste Wechselkurse verursacht wurden.

Asien-Krise, Rußland-Krise, Brasilien-Krise

Die Asien-Krise begann nach der Mexiko-Krise, als Mitte 1996 die *Bank of Commerce* in Bangkok zusammenbrach. Danach schwächte sich in Südostaasien die bisher positive wirtschaftliche Tendenz immer weiter ab, und einige Länder nahmen kurzfristig fällige Kredite auf. Es entwickelte sich ein Leistungsbilanzdefizit, das 1996 für Thailand 7,9 Prozent, für Malaysia und Korea 4,9 Prozent und Indonesien 3,3 Prozent des Bruttoinlandproduktes erreichte. Die Aussichten wurden immer düsterer, als die japanische Notenbank die Zinsen anhob und der Dollar gegenüber dem Yen anstieg. Daraufhin schwächte sich in ganz Südostasien das Wirtschaftswachstum ab. Damit entwickelte sich ein immer größerer Druck, zuerst auf die thailändische Währung, was dazu führte, daß der thailändische Baht nach mehreren spekulativen Angriffen im Juli 1997 freigegeben werden mußte. Danach gerieten auch die anderen südostasiatischen Länder unter Abwertungsdruck. Indonesien, Malaysia, Hongkong und Korea gerieten ebenfalls in eine Krise. Erst neue IWF-Kredite und die Verpflichtung, den geforderten Reformen Folge zu leisten, stabilisierten die Kurse wieder. Da Indonesien auf die Krise nicht wie gefordert reagierte, kam es Anfang 1998 zu einem Schuldenmoratorium. Die Krise weitete sich daraufhin auf Rußland und Lateinamerika aus. Mit ihr verbunden war aufgrund des massiven Kapitalabzugs eine Bankenkrise. Der IWF empfahl während dieser krisenhaften Phase, als die wirtschaftliche Entwicklung der Länder immer mehr unter Druck geriet, die Steuern anzuheben und die staatlichen Ausgaben zu kürzen. Zusätzlich forderte der IWF drastische Zinserhöhungen, um den Wechselkurs zu verteidigen. Dies verschärfte die Krise jedoch und ließ die Länder immer weniger attraktiv für internationale Investoren werden. Durch die Zinserhöhung gerieten in der Folge viele Unternehmen in Schwierigkeiten und mußten bankrott anmelden.[34]

Der damalige japanische Vize-Finanzminister Sakakibara rechnete bereits mit einem Zusammenbruch des internationalen Finanzsystems mit Wirtschaftskrisen und Kriegen. Er wies darauf hin, daß einzelne regionale Finanzprobleme in einem Zusammenbruch der Weltfinanzordnung gipfeln könnten.[35]

An dieser Stelle ist es sinnvoll, sich den Ablauf der Krisen zu veranschaulichen und entsprechende Parallelen zu ziehen, um die weitere Entwicklung vorhersagen zu können.

Feste Wechselkurse als Ursache

Die Entwicklung zur Krise erfolgte dabei stets nach dem gleichen Schema: zuerst Anbindung der landeseigenen Währung an den Dollar, dann hohe Verschuldung und zuletzt zwangsweise Abwertung in einer Währungskrise. Profiteure waren am Ende immer mächtige Spekulanten, die Leidtragenden die Völker der betroffenen Nationen. Durch die Festlegung des Wechselkurses erhofften sich die Länder ein inflationsfreies Wachstum. Das Vorgehen war jedoch von vornherein zum Scheitern verurteilt: Die Wirtschaft der aufstrebenden Länder entwickelte sich nicht im gleichen Tempo wie in den USA. Normalerweise würde ein freier Wechselkurs die Spannungen durch eine Abwertung ausgleichen. Aufgrund der festgelegten Austauschkurse war dies jedoch unmöglich, weshalb die Spannungen anwuchsen.

Fatalerweise wurde durch feste Wechselkurse auch die Auslandsverschuldung massiv ausgeweitet, weil Kredite im Ausland billiger zu bekommen waren wie auf dem inländischen Kreditmarkt. Schuldner wie Gläubiger waren sorglos und vertrauten darauf, die Verbindlichkeiten zu einem festen Wechselkurs zurückzahlen zu können. Nach mehreren Jahren ließen sich die Spannungen auf den Wechselkurs nicht mehr vertuschen, zunehmende Gerüchte untergruben das Vertrauen der Anleger, das Kapital wurde panikartig aus den Ländern abgezogen – die Wechselkurse konnten nicht mehr gehalten werden und verfielen. Die hohe Auslandsverschuldung mußte nun zu einem wesentlich ungünstigeren Kurs zurückbezahlt werden. Die Staaten konnten diese Lasten nicht mehr tragen und stellten die Zahlungen ein. Aufgrund ausbleibender Investitionen und wachsender Verpflichtungen wuchs die Armut dramatisch.

In Indonesien rutschten infolge der Währungsabwertung durch die Asien-Krise 1999 beispielsweise zwei Drittel der 202 Millionen Einwohner unter die Armutsgrenze ab.[36] Die Auslandschulden stiegen durch umfangreiche IWF-»Hilfen« auf über 150 Milliarden Dollar.[37] Wie die wirtschaftlichen Zustände das Leben der Menschen veränderten, zeigte sich besonders auf der Insel Ambon. Obwohl diese Insel immer als Modell für religiöse Harmonie galt, gab es nach dem Währungsverfall schwere Ausschreitungen zwischen Christen und Moslems.[38] Das Land droht unter diesen Bedingungen zu zerbrechen.

In Südkorea war das Einkommen von drei Vierteln der Seouler Haushalte durch die Währungskrise um durchschnittlich 32 Prozent gesunken, das der ohnehin wenig Verdienenden sogar um 45 Prozent.[39] Zu Recht verklagten damals die südkoreanischen Gewerkschaften den IWF wegen falscher Weichenstellung in der Asien-Krise. Das Land wurde mit dem Hilfspaket des IWF in eine hohe Verschuldung getrieben, und mit den rigiden Sparforderungen wurden zahlreiche Betriebe zerstört und Millionen arbeitslos.[40] Das Entstehen von Armut und Hunger war so programmiert.

Vor diesem Hintergrund stellt sich die Frage, wie der IWF die Krisen mit verursachte und ausweitete.

Versprechen des IWF

Auffällig ist, daß wenige Wochen vor Beginn der Krisen der IWF jeweils die angeblich gesunde wirtschaftliche Struktur der Länder lobte. Es wurden Verträge über Stützungskredite unterzeichnet, wobei ein kleiner Teil der Summe sogar ausgezahlt wurde. Nach dem Beginn der Katastrophe sperrte der IWF jedoch die zugesagten Kredite sofort und forderte drakonische »Sanierungsprogramme« von den betroffenen Staaten.

Beispiel Brasilien

Die Ereignisse laufen stets nach dem gleichen Schema ab: Zuerst wurde das Land durch Hyperinflation bis Anfang der 1990er Jahre durch unfähige Politiker ruiniert. Um künftig das Geld stabil zu halten, beschloß man, eine neue Währung mit fester Anbindung an den US-Dollar zu schaffen, den sogenannten »Real«. Tatsächlich sank die Inflation rapide bis auf vier Prozent im Jahre 1997. Um den Wechselkurs zu halten, mußte sich Brasilien jedoch massiv verschulden: Durch Einführung des Reals hat sich die Verschuldung seit 1994 deshalb mehr als verfünffacht.[41] Schon seit der Asien-Krise im Jahre 1997 mußte der Zinssatz auf durchschnittlich 30 Prozent angehoben werden, um eine Kapitalflucht mit Währungsverfall zu verhindern. Dadurch schrumpfte die Wirtschaft Brasiliens bereits im Jahr 1998 um 2,5 Prozent.[42]

Allein bei den Währungsturbulenzen Ende Oktober 1997 mußte das Land zur Währungsstützung an drei Tagen über neun Milliarden Dollar aufwenden. Hätten die Turbulenzen nur drei Wochen angehalten, wären die gesamten Reserven von 62 Milliarden Dollar aufgebraucht worden. Die brasilianischen Unternehmen hatten die festen Wechselkurse zur günstigeren Verschuldung im Ausland genutzt und so einen Schuldenberg von 100 Milliarden Dollar aufgebaut. Der IWF sagte im November 1998 zusätzlich einen Stützungskredit in Höhe von über 40 Milliarden Dollar zu. Anfang Januar 1999 erklärte der drittstärkste Bundesstaat Brasiliens, den Schuldendienst an den Bund für 90 Tage aussetzen zu wollen.[43]

Schnell erkannten Spekulanten die instabile Lage des Landes und zogen massiv Geld ab. Nun konnte der Wechselkurs zum Dollar nicht mehr aufrechterhalten werden, die Währung verfiel um über 40 Prozent. Wie im Falle Rußlands sperrte der IWF sofort alle weiteren Zahlungen. Es wurde sogar gefordert, den Zinssatz auf 70 Prozent zu erhöhen.[44] Durch höhere Zinssätze und ungünstigere Wechselkurse stiegen die Zinslasten rapide an – der Bankrott ist wohl langfristig die Folge. Um die Spekulationsgefahr einzudämmen, erhöhte Brasilien nun drastisch den kurzfristigen Zinssatz auf 40 Prozent.[45] In einer solchen Situation gibt es keinen Ausweg mehr: Werden die Spekulanten durch hohe Zinssätze abgewehrt, bricht die Wirtschaft zusammen. Wird hingegen die Währung freigegeben, können die angehäuften Schulden nicht mehr zum ungünstigen Wechselkurs bedient werden, und der Staat wie auch große Teile der Unternehmen müssen den Bankrott erklären. Wenn jedoch die Wirtschaftskrise durch Aufnahme von IWF-Krediten verhindert werden soll, wird die Dimension des Zusammenbruchs noch umfangreicher und lediglich um kurze Zeit verschoben, weil hierdurch das Grundübel Verschuldung nur vergrößert und die Wirtschaft durch sogenannte »Sanierungsmaßnahmen« zerstört wird. Daneben runieren die Roßkuren des IWF das Land: Brasilien mußte z. B., um IWF-Kredite zur Stützung des Wechselkurses zu erlangen, ein »drakonisches Sanierungsprogramm« auflegen. Die Regierung räumte ein, daß sich das Programm auf jeden Fall rezessiv auswirken werde.[46] Durch die IWF-Hilfen explodierte die Staatsverschuldung, weshalb 1999 das Etatdefizit auf zehn Prozent (1998 acht Prozent) des Bruttosozialproduktes anstieg. Ohne den Schuldendienst hätte Brasilien dagegen einen Haushaltsüberschuß von drei Prozent erwirtschaftet.[47]

Wie sehr das internationale Kapital in die Krise verwickelt war, zeigte die plötzliche Einsetzung eines neuen Notenbankchefs kurz nach Beginn der Krise. Der Leiter des *Quantum Fonds* (Fonds des Großspekulanten George Soros), in Lateinamerika, Armino Fraga Neto, wurde kurzfristig zum Notenbankpräsidenten ernannt.[48]

Es ist kaum zu erwarten, daß ein Vertreter der Seite, die erst die Krise erzeugte, danach an ihrer Lösung mitarbeiten wird. Deshalb erklärte die Opposition in Brasilien, daß man den Bock zum Gärtner gemacht habe. Einige Monate vor Brasilien und ein Jahr nach Beginn der Asien-Krise kam Rußland unter Beschuß.

> *»... die Vereinbarung mit dem IMF sieht sogar vor, auf das russische Schatzamt lautende Schuldpapiere in mittel- und langfristige Dollar-Forderungen umzuschreiben. Als ob die Finanzkrise in Südostasien nicht gezeigt hätte, daß Fremdwährungskredite nach einer Abwertung – was auch beim Rubel nicht völlig auszuschließen ist – ein Land erst recht in Zahlungsprobleme bringen können.«*
>
> *Neue Zürcher Zeitung,* 15. Juli 1998 – vier Wochen vor der russischen Finanzkrise

Beispiel Rußland

Rußland band den Rubel in einem Korridor fest an den US-Dollar, um die Inflation zu bekämpfen, die noch 1992 bei 1526 Prozent lag. Vor allem 1997 verzeichnete das Land einen deutlichen Kapitalzufluß, da es als attraktiver Wirtschaftsraum galt. Alle in Rußland Beteiligten waren von einem stabilen Rubel-Kurs abhängig – vor allem der Staat, weil er im Ausland verschuldet war, und die Banken, die Verbindlichkeiten in Fremdwährung zu begleichen hatten. Durch die Asien-Krise kam es zu einer massiven Ausweitung des Defizits auf 37 Prozent des Bruttoinlandsproduktes. Aufgrund der Unsicherheiten bei der Asien-Krise zogen Investoren auch aus Rußland Kapital ab. Die Zinsen für die auf Rubel lautenden Schuldpapiere mußten drastisch erhöht werden, um Käufer zu finden. Dies brachte die russische Wirtschaft unter Druck, und der Staat geriet in eine Schuldenkrise. Der Aktienmarkt brach zusammen und verlor bis Mitte 1998 80 Prozent seines Wertes. Im August 1998 mußte schließlich der Rubel-Kurs freigegeben werden, was eine Abwertung von 50 Prozent zur Folge hatte. Da aufgrund dieser Maßnahmen die Auslandsschulden nicht mehr bedient werden konnten und auch IWF-Kredite nicht halfen, hatte dies die Zahlungsunfähigkeit Rußlands zur Folge.[49]

Der Ablauf ist sehr interessant: Schon im Mai 1998 wurden vom damaligen Ministerpräsidenten Kirijenko von der Bevölkerung Einschränkungen abverlangt und unpopuläre Entscheidungen angekündigt.[50]

Diese Maßnahmen sollten sich als fatal herausstellen. Obwohl schon die Asien-Krise gezeigt hatte, daß feste Wechselkurse nicht funktionieren, bemühte man sich im Herbst 1997, auch den Ostblock, vor allem Rußland, erneut fest an den Dollar zu binden.[51]

Noch im Sommer 1998 wurde Rußland als fortschrittliches Land gelobt, das den Schritt vom Kommunismus zum Kapitalismus konsequent durchsetzen würde. Die drohende Abwertung wurde lange Zeit verharmlost. Sogar wenige Tage vor dem Beginn des Währungsverfalls schloß diese der russische Präsident Jelzin definitiv aus: »Klar und deutlich – es wird keine Devaluierung des Rubels geben, das ist so ausgerechnet, das ist meine Arbeit und unter meiner Kontrolle.«[52]

Der damalige russische Ministerpräsident Primakow erklärte nach der Finanzkrise im September 1998, daß Rußland nie bankrott gehen werde.[53] Auch westliche Experten schlossen eine Zahlungsunfähigkeit definitiv aus.[54]

Die Abwertung wurde dann wenig später durch einen Leserbrief von George Soros in der *Financial Times* ausgelöst, in dem der Spekulant eine Abwertung des Rubels forderte.[55]

Der IWF sperrte sofort die vorher zugesagten Stützungskredite und beschleunigte damit den Verfall. Fatalerweise wurden noch, durch Unterstützung des IWF, Ende Juli 1998 kurzfristige, auf Rubel lautende Schuldverschreibungen in langlaufende, auf Dollar lautende Papiere umgewandelt. Die Verzinsung lag effektiv bei etwa 15 Prozent.[56]

Rußland war damit nach dem Wechselkursverfall nicht mehr in der Lage, die durch die Währungsabwertung aufgewerteten Schulden zurückzuzahlen.[57] Im weiteren Verlauf der Entwicklung brachen die russischen Lebensmittelimporte (70 Prozent der Nahrungsmittelversorgung) im September 1998 auf ein Sechstel ihrer ursprünglichen Höhe ein.[58]

Die LTCM-Pleite – drohende »Kernschmelze des Finanzsystems«

Damit verbunden war auch der Bankrott eines großen Spekulationsfonds, des LTCM: Der amerikanische Hedge-Fonds *Long Term Capital Management* (LTCM) spekulierte mit Staatsanleihen und wurde dabei von der Zahlungsunfähigkeit Rußlands überrascht. Da es um hohe Summen ging und viele Großbanken in die Spekulationsgeschäfte verstrickt waren, gefährdete die Pleite des Fonds die Stabilität des gesamten Finanzsystems. Mit einem Eigenkapital von fünf Milliarden US-Dollar hatte LTCM Kredite von Geschäftsbanken in Höhe von 125 Milliarden US-Dollar aufgenommen und anschließend spekulative Geschäfte in Höhe von 1250 Milliarden Dollar damit getätigt. Nur durch die Hilfe staatlicher Institutionen, die mit teuren Stützungsaktionen eingriffen, konnten damals die Ausweitung des Bankrotts und ein Dominoeffekt, bei dem immer mehr Banken kippen, aufgehalten werden. Der Spekulant George

Soros äußerte später, daß damals die »Kernschmelze des Finanzsystems« gedroht hätte.

Nach Rußland kam es noch zu weiteren Schuldenkrisen, wie der in der Türkei, bei der der IWF durch einen »Hilfskredit« eine Eskalation verhinderte. Und in Argentinien kollabierte in den Jahren 2000 und 2001 der feste Wechselkurs, was eine Überschuldung in der nun aufgewerteten Auslandswährung nach sich zog.

Die Argentinien-Krise

In den 1980er Jahren wies Argentinien hohe Inflationsraten auf, die teilweise mehrere tausend Prozent pro Monat betrugen. Zur Inflationsbekämpfung koppelte der damalige Wirtschaftsminister Cavallo Anfang der 1990er Jahre den Peso mit einem festen Wechselkurs von 1 Peso = 1 Dollar an die amerikanische Währung. Um die Wechselkurse abzusichern, wurde ein sogenannter »currency board« eingerichtet – das bedeutete, jeder Peso mußte durch einen Dollar, der bei der Notenbank hinterlegt war, direkt gedeckt sein. Damit meinte man, Spekulationswellen wie in Asien oder Rußland ausschließen zu können. Die Inflation sank durch diese Maßnahme zwar, jedoch kam es zu einer negativen Handelsbilanz, da die Wechselkurse das Gleichgewicht der Warenströme nicht mehr herstellen konnten. Die zusätzlichen Importe mußten durch eine Verschuldung im Ausland bezahlt werden. Da der Dollar Ende der 1990er Jahre relativ stark war, wurde das Ungleichgewicht weiter verschärft, und die Exporte Argentiniens gingen weiter zurück. Dazu kam noch die Brasilien-Krise 1998, welche die Exportrate noch weiter einbrechen ließ. Im Jahr 1999 hatte Argentinien einen Wirtschaftsrückgang von vier Prozent zu verkraften. Trotz eines Milliardenkredites des IWF kam es zu keiner Erholung der Wirtschaft im Jahr 2000. Folge davon waren immer mehr Protestaktionen der arbeitslosen und verarmten Bevölkerung.

Um die Krise abzumildern, bezahlte Argentinien staatliche Angestellte ab dem Jahr 2001 mit bis zu 50 Prozent des Lohnvolumens mit staatlichen Schuldscheinen, die wie Geld aussahen und auch in Geschäften so akzeptiert wurden. Die Bevölkerung half sich mit dem Handel in Tauschringen, die in der Herausgabe einer Ersatzwährung des Tausch-Dachverbandes, den Creditos, mündeten. Nur dadurch konnte überhaupt noch einigermaßen ein Wirtschaftsablauf sichergestellt werden. Durch die zunehmende Unsicherheit stieg die Angst der Investoren vor einer Abwertung. Der inzwischen wiedergewählte Cavallo wollte als Wirtschaftsminister den Peso nun, statt ausschließlich an den Dollar, auch an den Euro binden. Ende des Jahres 2001 mußte Cavallo einräumen, daß Argentinien sein Haushaltsziel nicht erreichen werde, was zu einer Weigerung des IWF führte, eine vorgesehene Kredittranche von 1,25 Milliarden Dollar zu überweisen. Hierdurch entstand durch einen von Investoren und Spekulanten vorgenommenen Kapitalabzug eine Bankenkrise, und Cavallo führte eine Regelung ein, durch die nicht mehr als 250 Peso pro Woche von den Bankkonten abgehoben werden durften. Dies hatte zur Folge, daß die Unsicherheit noch größer wurde, und es gab gewaltsame Ausschreitungen, die zum Rücktritt des Wirtschaftsministers führten. Der neue Präsident Adolfo Rodriguez Saá erklärte Ende des Jahres 2001 die Zahlungsunfähigkeit des Landes. Nach nur fünf Tagen wurde er von Eduardo Duhalde abgelöst, der die Banken schließen ließ, um Panik-Dollar-Käufe bei der geplanten Peso-Abwertung zu verhindern. Obwohl man nur um 28 Prozent abwerten wollte, fiel der Kurs schnell auf dem freien Markt um 50 Prozent, später sogar um bis zu 70 Prozent. Da die Banken immer mehr in Bedrängnis gerieten, wurden alle Konten über einem Grenzwert in festverzinsliche Sparbücher umgewandelt, deren Auszahlungstermin bis zum Jahr 2010 gestreckt wurde. In Dollar geführte Konten sollten dabei erst nach einer längeren Zeit wieder in Peso zurückgezahlt werden. Dollar-Schulden konnten demgegenüber 1:1 zurückgezahlt werden. In den ersten Monaten des Jahres 2002 kam es zu einer Depression mit zwölf Prozent Rückgang der Wirtschaftskraft. Erst ab dem Ende des Jahres 2002 konnte sich die Wirtschaft wieder erholen und von dem abgewerteten Peso durch Exportsteigerungen profitieren. Im Mai 2003 wurde Nestor Kirchner zum Präsidenten gewählt. Nachdem Anfang 2004 zehn argentinische Gebäude in den USA per Gerichtsbeschluß gepfändet wurden, geriet die argentinische Regierung erneut unter großen Druck, so daß sich Präsident Kirchner zu der Erklärung veranlaßt sah, daß hinter dieser Pfändung möglicherweise der IWF stehe, ihn dies jedoch nicht interessiere, weil das alles nur Spekulanten seien.[59]

Im August 2004 griff Argentinien dann den IWF direkt an. Der Wirtschaftsminister des Landes meinte, daß der IWF zehn Jahre später seine Fehler aufarbeite, während heute sein ganzes Land auf dem Spiel stehe. Dies sei auch der Grund, warum es heute 15 Millionen mehr Arme in Argentinien gebe.[60]

Die Situation in ganz Südamerika verschärfte sich weiter, als Mitte 2004 Argentinien einseitig Schutzzölle gegenüber Brasilien aufbaute – eine Maßnahme, die im zollfreien Mercosur-Raum eigentlich verboten ist.[61]

Kirchner machte den privaten Gläubigern im Jahr 2004 ein Umschuldungsangebot mit Kürzung der zahlbaren Summen bis zu 75 Prozent. Am Ende einigte man sich im Jahr 2005 darauf, die Schulden mit null bis 70 Prozent Kürzung in drei neuen Anleihen zurückzuzahlen, wobei die seit dem Jahre 2002 aufgelaufenen Zinsverpflichtungen storniert wurden. Je kürzer die Laufzeit der neuen Anleihen festgelegt wurde, umso geringer fielen die Verzinsung und der Rückzahlungsteil aus. Bei Anleihen, die inflationsgeschützt waren, wurde die Laufzeit auf das Jahr 2038 festgelegt. Dabei wurde auch die rechtliche Gestaltung für die Gläubiger immer schlechter, da beispielsweise nur noch ein argentinischer Gerichtsstand anerkannt wurde. Alle auf Dollar lautenden Papiere wurden auf Peso umgestellt. Den internationalen Organisationen wie Weltbank und IWF wurden alle Kredite in voller Höhe bezahlt.

Ende des Jahres 2005 kündigten Argentinien und Brasilien überraschend an, alle IWF-Kredite bis zum Ende des Jahres 2005 auf einen Schlag zurückzahlen zu wollen. Brasilien erklärte, daß das Land nach der Abwertung der Währung 2005 einen Außenhandelsüberschuß von 45 Milliarden Dollar erwirtschafte und die Devisenreserven sich seit 2002 verdreifacht hätten. Ähnlich argumentierte Argentinien, das ankündigte, die beim IWF ausstehenden Schulden von 9,81 Milliarden Dollar entsprächen einem Drittel der Währungsreserven.[62]

Vor allem die Inhaber der umgeschuldeten alten Argentinien-Anleihen sahen darin ein schlechtes Zeichen. Es wurde befürchtet, daß Argentinien ohne Schuldendruck seitens des IWF seinen Verpflichtungen für Altanleihen nicht mehr voll nachkomme.[63]

Trotz aller negativen Erfahrungen war eine neue argentinische

Anleihe mit einer Verzinsung von 6,6 Prozent plus Inflationsausgleich schon Mitte 2005 innerhalb kurzer Zeit wieder doppelt überzeichnet.[64]

Argentinien ist ein sehr gutes Beispiel dafür, daß sich ein Staat relativ rasch seiner privaten Schulden entledigen kann. Die alten Behauptungen, ein Staat könne nie bankrott gehen oder eine Pleite könne sich kein Land mehr leisten, sind damit widerlegt worden. Für ein Land, das in Schwierigkeiten gerät, ist es eine große Erleichterung, wenn es so bald wie möglich von festen Wechselkursen abläßt und sich vom IWF trennt.

Bedeutung für die heutige Zeit

In den 1990er Jahren kam es sehr schnell zu einer ganzen Kette von Schulden- und Währungskrisen. Ursache waren immer feste Wechselkurse und eine damit einhergehende Überschuldung. Daran wird deutlich, wie schnell immer mehr Länder in den Sog einer Krise gezogen werden können, auch wenn diese nur in einem Land ausbricht. Die öffentlichen Institutionen standen dem Geschehen hilflos gegenüber. Die Argentinien-Krise zeigte deutlich, daß ein Staat, der in Bedrängnis ist, sich schnell durch Erklären der Zahlungsunfähigkeit entschulden kann. Die Anleger sind dann auf Gedeih und Verderb auf die Zahlungswilligkeit des betroffenen Landes angewiesen. Das Beispiel Argentinien läßt auch erkennen, daß sich ein Land durch Ignorieren der IWF-Forderungen auch aus einer Schuldenkrise befreien kann. Eine wesentliche Stütze waren dabei u. a. die regionalen Notgelder, die den Warenaustausch unabhängig von der regulären Währung sicherstellten.

Es ist allerdings falsch, mit der Argentinien-Krise schon das Ende des Desasters anzunehmen. Die Ungleichgewichte sind global gesehen nicht kleiner, sondern noch größer geworden. Die aufgezeigten Krisen sind möglicherweise nur der Auftakt für eine noch größere, weltweit ablaufende Katastrophe.

»Die Wahrheit ist immer klar und durchsichtig. Kompliziert ist immer nur der Irrtum. Und wenn die Forschung auf dem Gebiet der Währung komplizierte Resultate ergibt, so ist das eben ein Beweis, daß diese Forschung Sophismen als Ausgangspunkt hat. Es fehlt eben in all diesen Untersuchungen das Sieb der täglichen Praxis.«

Silvio Gesell, *Gesammelte Werke*, Band 2, S. 217

Zusammenfassung Währungsgeschichte seit 1819

Im Jahre 1819 zwangen die Aristokratie und die Geldverleiher in England die dortige Bevölkerung, eine Goldwährung zu akzeptieren. Hintergrund war der Wille der Reichen, zu Lasten des Volkes an einer deflationären Preisentwicklung zu profitieren – eine weitgehende Verarmung trat ein.

Bis in die Zeit nach 1873 besaßen die anderen Länder verschiedene Währungen: England hatte einen reinen Goldstandard, während beispielsweise Deutschland eine Silberwährung und Länder wie Frankreich eine Bimetallwährung aus Silber und Gold ihr eigen nannten. Nach 1873 hielt mit der großen Wirtschaftskrise der Goldstandard immer mehr Einzug in die meisten Länder. Dies führte zu Störungen, da es zu unkontrollierten Metallabflüssen und -zuflüssen kam, je nachdem, wie sich die betreffende Wirtschaft entwickelte. Hinzu kamen die recht zufälligen Funde von neuen Edelmetall-Lagerstätten, welche die Geldmenge noch weiter unkontrolliert schwanken ließen. Die Folgen dieses ersten Goldstandards waren ständige Krisen und Instabilitäten, die nicht zuletzt zum Ersten Weltkrieg führten.

Im Ersten Weltkrieg wurde dann der Goldstandard aufgehoben, um große Mengen Geld zu drucken – für die Bezahlung der hohen Kriegskosten. Nach dem verlorenen Weltkrieg wurden Deutschland hohe Reparationsforderungen aufgebürdet. Da diese nicht finanzierbar waren und zudem die gegen die französische Besatzungsmacht Streikenden im Rheinland finanziert werden mußten, wurde von staatlicher Seite immer mehr Geld gedruckt und in Umlauf gesetzt.

Es kam zur Hyperinflation und völligen Währungszerrüttung. Nach einer vorübergehenden Ablösung der Reichsmark durch die Rentenmark in Deutschland wurde der zweite Goldstandard eingeführt. Nach Börsenexzessen und einer weit aufgeblähten Verschuldung kam es im Jahre 1929 zum großen Börsenkrach in Amerika. Durch den Goldstandard verbreitete sich die Krise über die ganze Welt. Speziell Deutschland wurde massiv getroffen, da der Großteil der Schulden kurzfristig war und von den USA zurückgefordert wurde. Den Goldstandard ließ man in den 1930er Jahren wieder fallen, was auch sofort mit einer Wirtschaftserholung einherging. In den USA dauerte die Krise jedoch bis zum Beginn des Zweiten Weltkrieges, da erst die anlaufende Rüstungsindustrie wieder rentable Investitionsmöglichkeiten bot. Nicht zu vergessen ist das Goldbesitzverbot, das in den USA 1933 erlassen wurde. Nach dem Zweiten Weltkrieg war die deutsche Währung abermals zerrüttet. Erst die Einführung der D-Mark konnte die Wirtschaft wiederbeleben, und das »Wirtschaftswunder« setzte ein. Leider hatte man damals mit Bretton Woods schon wieder einen Goldstandard eingeführt. Dieser führte dazu, daß sich aufgrund der unterschiedlichen Entwicklung der einzelnen Staaten Ende der 1960er Jahre eine neue Krise abzeichnete. Schließlich mußte dann Anfang der 1970er Jahre, nach teuren Stützungsversuchen, der Goldstandard abermals aufgehoben werden.

Leider lernte man aus alldem nicht, daß unterschiedliche Staaten eine eigenständige Währung mit einem flexiblen Wechselkurs brauchen. Man versuchte mit der europäischen Währungsschlange und dem Europäischen Währungssystem wieder feste Wechselkurse einzuführen. Spätestens Anfang 1992 scheiterten diese Projekte endgültig, als sich Spekulanten auf die italienische Lira und das britische Pfund einschossen. Sogleich wurde jedoch der nächste Fehler begangen: Im Vertrag von Maastricht beschloß man die Einführung der Gemeinschaftswährung Euro, die dann tatsächlich im Jahr 2002 als Bargeld in Umlauf gebracht wurde. Vergessen wird dabei vollkommen, daß sich unterschiedliche Entwicklungen in den Ländern nicht mit einer neuen Währung wegzaubern lassen. Es kommt zu neuen Spannungen, die nicht mehr durch Wechselkurse ausgeglichen werden können. Diese Spannungen führten dazu, daß schon im Jahr 2005 beispielsweise italienische Politiker den Austritt des

Landes aus dem Euro-Verbund forderten. Wenn erst einmal ein Land die Einheitswährung verläßt, wird dieses ganze Modell nach und nach zusammenstürzen. Nicht zuletzt hat die Erweiterung der Europäischen Union auf immer neue, nicht angepaßte Staaten dazu geführt, daß die ganze europäische Idee auf sehr wackligen Füßen steht.

Auch die Mexiko-, Rußland- und Brasilien-Krise bewiesen die Untauglichkeit und Gefährlichkeit von festen Wechselkursen. Die Argentinien-Krise zeigte nicht zuletzt, daß auch Staaten bankrott gehen können und dabei der Anleger Geld verliert. Die alten argentinischen Anleihen wurden in neue, teilweise extrem langlaufende Papiere umgewandelt – zum Schaden der Gläubiger. Die nächsten, noch heftigeren Krisen sind nur eine Frage der Zeit, weil die Fehler der Vergangenheit immer wieder gemacht wurden.

Diese Fehler sind:

- Einführung eines Goldstandards
- Feste Wechselkurse
- Überschuldung durch das Zinseszinssystem

Wie wir noch sehen werden, sind die Probleme inzwischen keineswegs kleiner geworden – im Gegenteil: Noch nie gab es in der Menschheitsgeschichte eine Periode mit so vielen Ungleichgewichten und Instabilitäten. Eine Währungszerrüttung ist nur eine Frage der Zeit.

»Falls das amerikanische Volk die Kontrolle und die Herausgabe seiner Währung jemals Banken übertragen sollte, werden diese – und die Firmen, die sich um sie herum bilden – dem Volk zuerst mittels Inflation und dann über Deflation so lange dessen Eigentum wegnehmen, bis die Kinder auf dem Kontinent, den ihre Väter einst in Besitz genommen haben, obdachlos aufwachen. Die Berechtigung zur Herausgabe von Geld soll den Banken weggenommen und auf den Kongreß und das Volk zurückübertragen werden. Ich glaube ernsthaft, daß Banken mit dem Recht, Geld herauszugeben, gefährlicher für die Freiheit sind als stehende Armeen.«

Thomas Jefferson (1743–1826), Dritter Präsident der Vereinigten Staaten und Hauptverantwortlicher für die Ausarbeitung der Unabhängigkeitserklärung vom 4. Juli 1776

Die kommende Währungszerrüttung

Umfragen belegen, daß viele Menschen heute instinktiv Angst vor einer kommenden Krise haben. Viele spüren, daß »etwas nicht in Ordnung« ist. Leider sind jedoch die konkreten Vorstellungen über solch eine Depression oftmals sehr verworren und unrealistisch.

Plötzliche Inflation?

Viele Menschen meinen heute, daß eine Währungsreform aus »heiterem Himmel« als Hyperinflation kommen würde. Dies war vielleicht 1923 so, als Folge der hohen Reparationszahlungen nach dem Ersten Weltkrieg.

Nur ist bei der heutigen Lage mit einem etwas komplexeren Verlauf zu rechnen. Eine reine Inflation reicht nicht, um den Staat und die Wirtschaft zu entschulden, da ansonsten die den Schulden gegenüberstehenden Realwerte noch vorhanden sind und entsprechend auf die Rendite drücken. Solange die Sachwerte noch im alten Umfang vorhanden sind, ist auch der Markt weiterhin gesättigt, können also nicht mehr Waren umgesetzt werden. Das heißt: Ein kollabierendes System kann im heutigen falschen Geldwesen erst dann wieder von vorne beginnen, wenn auch die Realwerte entsprechend zerstört oder enteignet sind. Darum war beispielsweise die Währungsreform von 1948 gegenüber der von 1923 so erfolgreich. Im Jahre 1923 war Deutschland selbst nicht zerstört – 1948 allerdings schon. Nach dem Zweiten Weltkrieg fehlte es an allem. Egal ob jemand Kochtöpfe oder Gummistiefel produzierte – alles wurde händeringend nachgefragt. Als dann 1948 die D-Mark eingeführt wurde, konnte das »Wirtschaftswunder« sofort einsetzen. Alles war vorhanden, um eine Wirtschaft zum Blühen zu bringen: eine neue, weitgehend unverschuldete Währung und eine hohe Nachfrage am Markt. Dazu kamen dann noch motivierte, gut ausgebildete Leute – da konnte gar nichts mehr schiefgehen.

Wie sieht es demgegenüber heute aus?

Heute haben wir eine sehr hohe Verschuldung, sowohl des Staates als auch der Unternehmen und privaten Haushalte. Dazu kommen ein gesättigter Markt und eine schwindende Kaufkraft der Bevölkerung. Würde hier eine reine Inflation helfen, das System wieder zum Laufen zu bekommen?

Nein, denn damit allein wird nicht der gesättigte Markt – ein Haupthindernis für Investitionen – beseitigt. Auch für die Ankurbelung der Wirtschaft wäre eine Hyperinflation denkbar ungeeignet. Zwar werden dadurch die Schulden entwertet, jedoch verschwinden auch die den Schulden gegenüberstehenden Vermögen und damit auch die entsprechende Kaufkraft.

Oftmals wird behauptet, »der Staat« würde sich durch eine plötzliche Inflation entschulden. Auch das ist so nicht richtig. Zum einen hat »der Staat« heute nach Einführung des Euros überhaupt keine Währungssouveränität mehr, zum anderen ist die Staatsverschuldung als Anteil der gesamten Schulden das kleinste Problem, wie Abb. 14 auf der nächsten Seite zeigt.

Der Staat kann also von sich aus bei unabhängigen Notenbanken gar keine Inflation (im Gegensatz zur Hyperinflation 1923) veranlassen. Dies würde auch das Schuldenproblem nicht wirklich lösen.

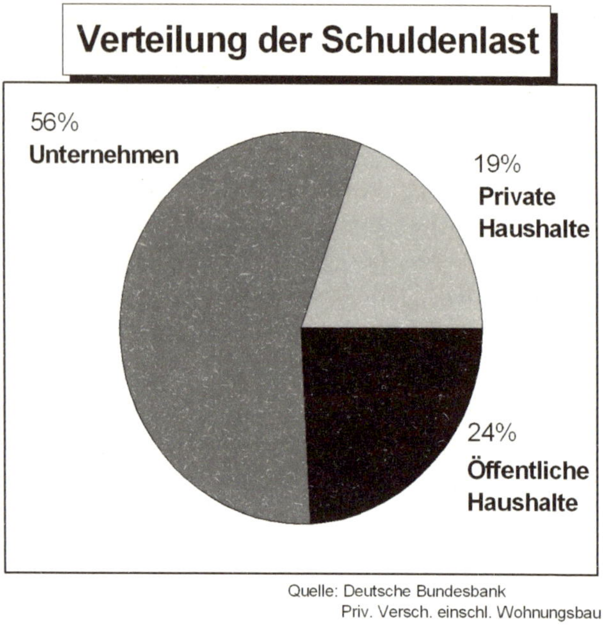

Abb. 14: Verteilung der Gesamtschulden auf Staat, Wirtschaft und private Haushalte

Bei gesättigten Märkten hilft es nichts, wenn einfach die Geldscheine entwertet oder ausgetauscht werden. Genausowenig wird es beispielsweise der Türkei helfen, daß sie Anfang 2005 einige Nullen auf ihren Geldscheinen durch eine »Währungsreform« gestrichen hat. Auf die Wirtschaft haben solche rein kosmetischen Änderungen gar keine Auswirkung.

Deflation, Inflation, Währungsreform

Was in der heutigen Lage zu erwarten ist, ist etwas ganz anderes als das, was 1923 geschah. Wir leben heute nicht in einer Zeit nach einem erst kürzlich verlorenen Krieg, der uns plötzlich unbezahlbare Reparationszahlungen abverlangen würde, die den Staat ihrerseits dazu zwingen würden, durch eine Inflation immer mehr Geld in Umlauf zu setzen. Der Verlauf der kommenden Währungsreform wird eher der von 1948 ähneln als der von 1923. Erinnern wir uns, der Ablauf zum Währungsschnitt 1948 erfolgte so:

In den 1920 er Jahren gab es einen weltweiten Wirtschaftsboom, vor allem die Aktien stiegen immer weiter. Das alles war mit einer schnellen Überschuldung verbunden. Im Jahre 1929 kam es dann zuerst in den USA, dann weltweit zum Crash – die Wirtschaft brach regelrecht zusammen. Es kam zu einer großen Deflation. Erst durch die einsetzende Mehrproduktion in der Rüstungsindustrie und den darauffolgenden Weltkrieg konnte die Wirtschaft (insbesondere in den USA) wieder zum Laufen gebracht werden. Dieser Krieg mit seinen immensen Kosten konnte jedoch von allen Seiten nur über hohe Schulden und eine verdeckte Inflation bezahlt werden. Verdeckte Inflation deshalb, weil offiziell die Preise zwar festgesetzt waren, jedoch in Wirklichkeit wegen der Warenknappheit nur auf dem Schwarzmarkt real etwas erworben werden konnte. Dort waren die Preise dann um ein Vielfaches höher als die offiziell festgesetzten Werte. Aufgrund des verlorenen Weltkrieges wurde dann nach 1945 in Deutschland schnell klar, wie wertlos die Währung eigentlich war – niemand war mehr bereit, für die offensichtlich wertlose Währung Ware zu liefern, das Geld verlor die Akzeptanz in der

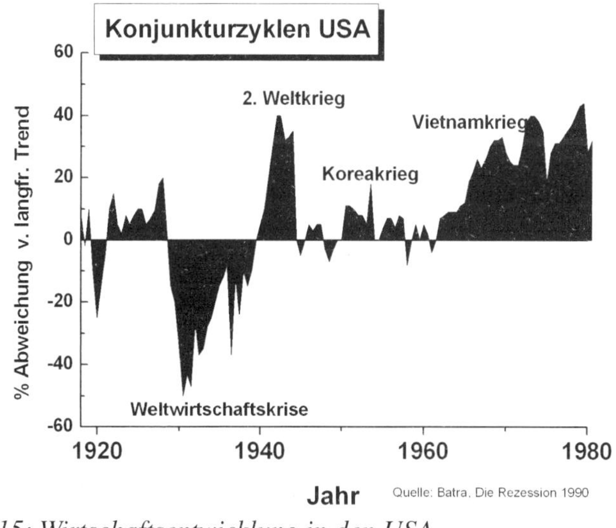

Abb. 15: Wirtschaftsentwicklung in den USA

Bevölkerung. Erst durch die Währungsreform konnte die Wirtschaft wieder zum Laufen gebracht werden.

Seither hat sich unsere Wirtschaftsleistung massiv gesteigert. Noch nie in der Geschichte wurde durch den technischen Fortschritt soviel Realkapital in solch einer relativ langen Friedenszeit (fast 60 Jahre seit der Währungsreform!) aufgebaut. Vergessen wurde jedoch, daß dies alles über Schulden finanziert wurde. Wir haben also heute eine gewaltige Überschuldung und durch die lange Produktion von Realgütern einen gesättigten Markt. Die Situation ist also ähnlich der Ende der 1920er Jahre – nur noch dramatischer, da viel mehr Realkapital erschaffen wurde und der Markt damit noch gesättigter ist. Einen solchen Waren- und Schuldenüberhang kann keine Inflation so ohne weiteres auflösen. Es ist also viel wahrscheinlicher, daß vor einer Währungsreform erst noch eine Deflationskrise wie in den 1930er Jahren einsetzt.

Die kommende Deflationskrise

Warum wir in Zukunft viel eher mit einer Deflation als mit einer Inflation zu rechnen haben, wurde in meinem Buch *Deflation – die verheimlichte Gefahr* ausführlich beschrieben. Deshalb soll hier nur eine kurze Zusammenfassung folgen.

Von einer Deflation spricht man, wenn die Einkommen der breiten Masse sinken und daraufhin aufgrund der zurückgehenden Kaufkraft die Umsätze der Unternehmen zurückgehen. Daraus entwikkelt sich ein ruinöser Wettbewerb, der die einzelnen Betriebe langfristig zu einem sinkenden Preisniveau zwingt.

Ein Grund für eine Deflation liegt in der Psychologie des Menschen: Sobald Unsicherheiten aufkommen, zieht jeder seine Investitionen schnell zurück und wartet ab.

Das Fatale ist, daß sich niemand vorstellen kann, wie die Preise plötzlich ins Rutschen kommen könnten. Die meisten Menschen meinen, daß Crash automatisch Inflation bedeutet. Doch was machen Sie, wenn plötzlich Banken schließen? Geben Sie dann schnell alles Geld aus, weil Sie eine Inflation befürchten? Oder sparen Sie und kaufen nur noch das Nötigste, aus Angst vor dem Ungewissen?

Sie werden Letzteres tun, und nicht nur Sie, sondern Millionen Menschen werden es genauso handhaben. Sobald Unsicherheit da ist, verschieben die Leute alle nicht unbedingt nötigen Käufe in die Zukunft. Dann geraten die Unternehmen unter Druck, weil sie nichts mehr verkaufen können, und sind zu Preissenkungen gezwungen – eine Deflation entwickelt sich.

Wie schnell solch ein plötzlicher Crash stattfinden kann, konnten Sie am 11. September 2001 – dem Tag des Terroranschlag auf das World Trade Center in New York – erleben. Unternehmer berichteten, daß die Käufe der Menschen unmittelbar nach den Anschlägen zusammenbrachen. Hätten damals nicht die Notenbanken eingegriffen und wären die Börsen in den USA nicht geschlossen worden, so wären Bankenpleiten unvermeidbar gewesen. Das gleiche wäre passiert, wenn die Anschläge nicht in der Frühe, sondern zur Börsenhauptzeit stattgefunden hätten, wenn womöglich sogar die Börse selbst zerstört worden wäre. Eigentlich ist es nur glücklichen Umständen zu verdanken, daß es nicht zu einem Crash und einer Deflation gekommen ist.

Sie sollten erkennen: Jeder Crash, jeder plötzliche, unerwartete Schock führt niemals zu einer Inflation, sondern immer zu einer Deflation.

Dabei muß es gar nicht einmal zu einem plötzlichen Desaster kommen: Schon der eher schleichende Kursrückgang an den Börsen seit dem Jahre 2000 hat die Haushalte um so viel Kapital erleichtert, daß sie ihre Ausgaben reduzieren. Zwar wird an der Börse kein Geld vernichtet, aber umverteilt. Das Geld wandert bei einem Rückgang der Kurse zu den Anlegern, die sich wirklich gute Berater leisten können – also zu der bereits wohlhabenden oder reichen Klientel. Dort wird das Geld nicht ausgegeben, sondern neu angelegt. Es stammt vor allem von Kleinanlegern, die es nun nicht mehr für Konsumgüter oder Urlaubsreisen ausgeben können. So gab die Deutsche Bundesbank bekannt, daß erstmals seit 50 Jahren wegen der Kursrückgänge an den Börsen im Jahre 2002 das private Geldvermögen gesunken sei.[65]

Was machen Sie, wenn Sie denken, daß Ihre Aktien an der Börse immer weiter steigen? Dann geben Sie großzügig Ihr Geld aus, weil Sie glauben, daß Ihre künftigen Ausgaben ja durch noch höhere

Börsenkurse gedeckt werden. Und umgekehrt: Was tun Sie, wenn Ihre Aktien plötzlich stark an Wert verlieren? Dann geben Sie immer weniger aus, weil Sie befürchten, daß Ihr Aktienbestand noch weiter zusammenschmelzen könnte und Sie dann unter Umständen später zuwenig Geld haben. Das ist der Grund dafür, warum allein durch die Verluste an den Börsen seit dem Jahr 2000 schon eine deflationäre Tendenz eingeläutet wurde.

Ein weiterer Grund für die Deflation sind die fallenden Einkommen und Löhne der meisten Menschen. Je weniger die Leute finanzielle Mittel übrig haben, umso weniger können sie auf dem Markt kaufen. Dies bewirkt eine deflationäre Abwärtsspirale:

Sinkende Löhne führen zu zurückgehenden Umsätzen bei den Unternehmen. Deshalb müssen die Firmen, um ihre Kredite bezahlen zu können, die Ausgaben senken, was sich in Entlassungen äußert. Je mehr Arbeitslose nun auf der Straße stehen, umso mehr sinkt die Massenkaufkraft. Ein Teufelskreislauf, der direkt in eine Deflations-Krise wie 1930 hineinführt.

Höhere Preise und Steuererhöhungen, beispielsweise für Energie und Öl, führen nicht etwa zu einer Inflation, sondern verstärken die deflationären Effekte noch zusätzlich: Wenn staatliche und Monopolpreise steigen, dann sinkt wieder die Kaufkraft der Menschen. Diese müssen dann in anderen Bereichen sparen, was die Unternehmen weiter unter Druck bringt. Erhöht z. B. der Staat die Mehrwertsteuer, dann müssen die Haushalte mehr Geld dafür ausgeben. Da jedoch das Einkommen begrenzt ist, muß in anderen, bisher finanzierbaren Bereichen gespart werden. Das alles hat für die Wirtschaft als Ganze einen deflationären Effekt zur Folge.

Hinzu kommt noch das heutige niedrige Zinsniveau als deutlicher Deflationsindikator: Sinkende Zinsen bedeuten immer eine deflationäre Entwicklung und deuten auf eine zurückgehende Kreditaufnahme hin. Was jedoch wenig beachtet wird: Keine Bank wird heute billige Kredite vergeben, wenn eine Inflation befürchtet wird. Vielmehr ist es so: Wenn eine Inflation droht, werden die Kreditzinsen automatisch um diesen Prozentsatz erhöht. Unsere Zinsentwicklung jedoch zeigt deutlich die heutigen deflationären Tendenzen (Abb. 16).

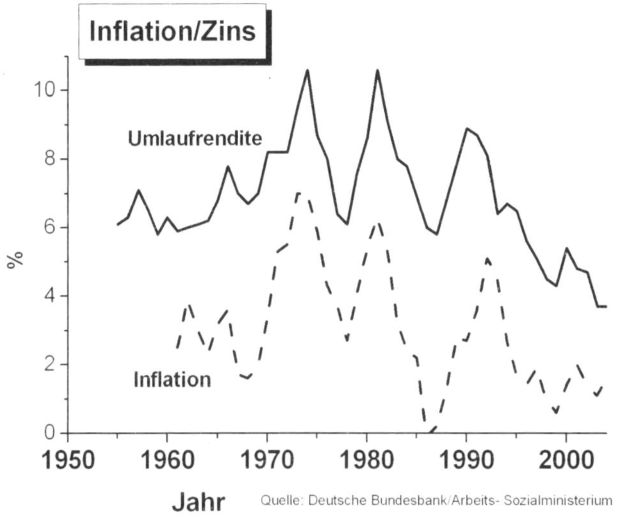

Abb. 16: Parallelität von Zins (hier Umlaufrendite) und Inflation in Deutschland

Aus diesen Gründen ist es viel wahrscheinlicher, daß wir zunächst in eine Deflationskrise geraten, bevor dann als finales Ende die Inflation (meist verbunden mit einer kriegerischen Zeit) und die Währungszerrüttung einsetzen werden. Heute ist durchaus mit einem ähnlichen Verlauf wie in den 1930er Jahren zu rechnen. Nicht zu vergessen ist, daß die Risikofaktoren für eine kommende Krise ungleich größer sind als vor 80 Jahren. Die Abfolge für eine Währungskatastrophe heißt also:

Aufbau – Überschuldung – Währungsfestbindung – Krise – Deflation – Krieg – Hyperinflation – Währungsschnitt.

Zusätzliche Risikofaktoren für das Finanzsystem

Zu den Risikofaktoren, die wir schon vor der Weltwirtschaftskrise der 1930er Jahre hatten (Überschuldung, feste Wechselkurse, aufgeblähter Aktienmarkt), kommen heute noch zusätzliche Gefahren hinzu. Diese Bedrohungen sind eine Folge davon, daß der Börsenkrach nach dem Jahre 2000 zunächst aufgefangen wurde. Man hat also die Krise damals aufgehalten, aber nur zu dem Preis, den Crash in die Zukunft zu verschieben. Nach dem Jahr 2000 mit seinen Kurseinbrüchen senkte die amerikanische Notenbank sehr schnell die Zinsen, um eine augenblickliche Deflationskrise zu verhindern. Es sollte damit ein Rückzug des Kapitals vom Markt aufgehalten werden. Dies konnte nur dann erfolgen, wenn die geplatzte Aktienspekulationsblase gegen ein anderes Spekulationsobjekt ersetzt wurde: den Beginn der Immobilien-Spekulationsblase.

Die Immobilienblase

Die in den meisten Ländern der Erde zum Teil drastisch steigenden Immobilienpreise zeigen deutlich, daß etwas mit der Wirtschaftsordnung nicht in Ordnung ist. Stabil können Preiserhöhungen im Immobilien- und Grundstückssektor nur sein, wenn diese im Gleichgewicht mit den Einkommen steigen. Wenn Häuser viel schneller im Preis zunehmen als die Arbeitseinkommen der Bevölkerung, dann bedeutet dies, daß sich die Möglichkeit, ein Haus zu erwerben, für den Durchschnittshaushalt immer weiter verringert. Zwar kann dies vorübergehend dadurch kompensiert werden, indem beispielsweise die Kreditvergabe an Häuslebauer erleichtert wird, jedoch wird das damit erkauft, daß die Überschuldung der Haushalte zunimmt.

Es bleibt dabei: Trotz aller Werbung für Kredite und Hypotheken können Häuser, wie alle Güter, nur durch Arbeit erwirtschaftet werden – alles andere geht zulasten der Zukunft und muß früher oder später zu deutlichen Problemen führen. Gesund ist ein Immobilienmarkt auch nur dann, wenn die Häuser zur Eigennutzung gekauft werden. Wird jedoch ein guter Teil der Käufe nur deshalb getätigt, um kurzfristige Spekulationsgewinne zu erzielen, und wird das Ganze noch mit Schulden finanziert, so ergeben sich für das gesamte Finanzsystem bedenkliche Instabilitäten.

Doch in den meisten Ländern der Welt bietet sich ein anderes Bild: Experten gehen sogar davon aus, daß sich 70 Prozent aller Länder der Welt mittlerweile in einer Immobilien-Spekulationsblase befinden. Allein in den letzten fünf Jahren erhöhte sich dabei der Marktpreis von Wohnimmobilien in den wichtigsten Volkswirtschaften der Welt von 30 auf 70 Billionen Dollar. Damit übertrifft allein der Zuwachs der Immobilienbewertungen seit dem Jahre 2000 (40 Billionen Dollar) deutlich den Gesamtwert sämtlicher Aktien weltweit im Frühjahr 2000 (32 Billionen Dollar).

Ein Großteil des Konsums basiert auf Buchgewinnen im Immobilienbereich. Nur weil die Häuser immer mehr an Wert gewinnen, erhalten die Menschen für den gestiegenen Preis zusätzliche Kredite von den Banken. Nur durch diesen zusätzlichen Kredit können große Bevölkerungsteile dann überhaupt noch konsumieren. Immobilien dienen also nicht mehr dazu, darin zu wohnen, sondern sind zum Spekulationsobjekt degradiert worden.

Anstieg der Häuserpreise 1997 bis 2005 in Prozent

Südafrika	244
Irland	192
Großbritannien	154
Spanien	145
Australien	114
Frankreich	87
Schweden	84
Niederlande	76
USA	73
Belgien	71
Italien	69
Neuseeland	66
Dänemark	58
Kanada	47
Schweiz	12
Deutschland	– 0,2
Japan	– 28
Hongkong	– 43

Tabelle: Anstieg der Immobilienpreise für einzelnen Länder, Quelle: The Economist

So werden z. B. selbst in Moskau über 40 Prozent der Immobilien nur gekauft, um kurzfristig Gewinne zu machen. Experten sprechen bereits von einer Spekulationsblase, die sich auftut.[66]

In Spanien steigen die Immobilienpreise so schnell, daß immer weniger Käufer in der Lage sind, die monatlichen Kreditraten zu zahlen. Deshalb gehen die Banken zunehmend dazu über, extrem langfristig laufende Kredite – bis zu 50 Jahre – zu vergeben. Im Jahre 2005 wurden in Spanien fast 740 000 Wohnungen gebaut. Dieser Wert stellte einen neuen Rekord dar und war mehr als die Summe aller in Deutschland, Frankreich und England neu errichteten Wohnungen. Die Wohnungspreise haben sich in den letzten zehn Jahren mehr als verdoppelt und in den letzen 20 Jahren fast verdreifacht. Vor allem gegenüber den Einkommen zeigt sich die Diskrepanz: Zwischen 1987 und 2004 sind die Wohnungspreise 14 Mal stärker gestiegen als die Löhne. Verschlimmert wird die Situation aber auch durch die extreme Verschuldung der Familien: Alle bedeutenden Finanzorganisationen weltweit warnen bereits vor den Gefahren, die daraus entstehen, daß diese Art Verschuldung inzwischen 75 Prozent des jährlichen Bruttoinlandsprodukts des Landes übersteigt. Vor allem ist problematisch, daß die Kredite nur zu variablen Zinssätzen vergeben werden. Jede Zinserhöhung könnte sofort zu einer Überschuldung der breiten Masse führen. Schon 2004 warnte der IWF vor der »Überbewertung« der Immobilien und einer »plötzlichen Korrektur«. Eine platzende Immobilienblase würde die gesamte spanische Ökonomie versenken, deren Hauptstütze die Baubranche ist.[67]

Auch in China entwickelt sich eine bedenkliche Immobilienspekulation: Aus dem nahen Ausland strömt Geld in die Metropolen in der Hoffnung auf steigende Preise und eine Aufwertung der chinesischen Währung Yuan. Sobald sich diese Erwartungen nicht mehr erfüllen, wird das Kapital abgezogen, und die Preise fallen zusammen. In den vergangenen drei Jahren verdoppelten sich nach Schätzungen von Experten die Immobilienpreise im Yangtse-Delta um Shanghai und schossen in Provinzhauptstädten quer durchs Land immerhin noch um 60 Prozent in die Höhe. Im ersten Quartal 2005 kletterten die Wohnungspreise in den wichtigsten 35 Städten um über zehn Prozent.[68]

Ganz extrem und vom Volumen her noch gefährlicher sind die Spekulationswellen in den USA. Der Finanzexperte Marc Faber meinte dazu: »Die neueste Anlagemode, oder besser gesagt Manie, betrifft gegenwärtig in den USA den Wohnungsbau, bei dem in den letzten drei Jahren in vielen Küstenregionen, aber insbesondere in Kalifornien und Florida, die Preise um rund 100 Prozent gestiegen sind. Einer in Los Angeles durchgeführten Meinungsumfrage zufolge gehen die Anleger davon aus, daß die Preise von Einzelfamilienhäusern während der nächsten zehn Jahre um jährlich weitere 22 Prozent zunehmen werden.

Damit dürften wir uns in bezug auf Immobilien in einer ähnlichen Lage befinden, wie wir es im Jahre 2000 im Bereich des Neuen Marktes erlebten. Das böse Ende ist bekannt.«[69]

Vor allem die auseinanderlaufende Entwicklung von Einkommen und Immobilienpreisen zeigt die Brisanz der Entwicklung (Abb. 17).

Noch schlimmer wird die ganze Situation durch die fast ausschließliche Fremdfinanzierung der Objekte: Im vergangenen Jahr

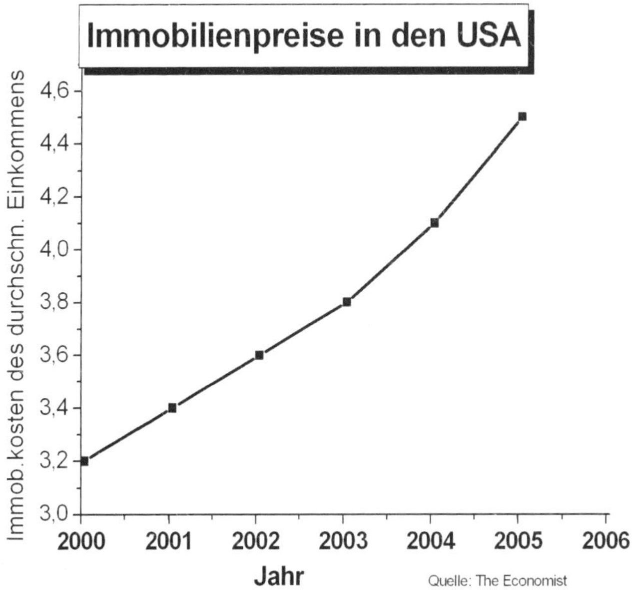

Abb. 17: Entwicklung der Immobilienpreise zum durchschnittlichen Einkommen

sind in den USA neun von zehn Eigenheimen beim Kauf voll über Kredite finanziert worden, wie eine Statistik der US-Immobilienfinanzierungsgesellschaft *Fannie Mae* belegt. Selbst anfallende Nebenkosten sowie Gebühren werden zumeist fremdfinanziert.[70]

Bis Mitte der 1990er Jahre lag die Jahresrate der Neuverschuldung bei US-Hypotheken stets im Bereich von 200 Milliarden Dollar. Sie stieg dann auf 303 Milliarden Dollar im Jahre 1998 und 368 Milliarden Dollar im Jahre 2000. Nach dem Aktiencrash ging es erst richtig los bzw. nach oben: 628 Milliarden Dollar im Jahre 2002 und 904 Milliarden Dollar im Jahre 2004. Insgesamt wurden in den USA nunmehr acht Billionen Dollar an Hypothekenkrediten aufgehäuft.

Das Schlimme ist, daß heute die Immobilienkredite zum guten Teil gar nicht mehr getilgt werden. So wird beispielsweise in Kalifornien für 60 Prozent der Hypotheken keine Tilgung bezahlt – zum Teil werden sogar nicht einmal die fälligen Zinsen beglichen.[71]

So vergrößert sich die Schuld allein durch die Zinseszinsrechnung.

Da im Geldmarkt und bei Aktien kaum noch etwas zu verdienen war, dachten sich viele Amerikaner, daß man nun auf vermeintlich sichere Immobilien setzen müsse. Zunehmend wurden Hypothekenkredite aufgenommen und Häuser gekauft. Die Preise stiegen entsprechend. Die Kredite erreichten schon 2003 den Stand von über sechs Billionen US-Dollar. Allein im ersten Quartal 2003 stiegen die Kredite – auf ein Jahr hochgerechnet – um über elf Prozent und die Immobilienpreise um 6,5 Prozent. Fast die Hälfte des Marktes für private Wohnungsbaudarlehen wird von den beiden halbstaatlichen Hypothekenbanken *Fannie Mae* und *Freddie Mac* beherrscht. Diese kaufen Hypotheken auf, bündeln und verbriefen sie und machen sie daher für den Durchschnittsamerikaner billiger. Da die einst staatlich gegründeten Institute zudem von zahlreichen Offenlegungsvorschriften der Börsenaufsicht befreit sind und ihnen beim Finanzministerium eine jederzeit abrufbare Kreditlinie von 2,5 Milliarden Dollar zur Verfügung steht, schließen viele Bürger daraus, daß die Regierung im Notfall einspringen wird. Das ist jedoch nicht sicher und aufgrund der hohen Staatsverschuldung unwahrscheinlich. Dennoch waren die Wertpapiere sehr begehrt und trieben die Immobilienpreise in astronomische Höhen. Dazu kommt, daß die Forderungen dieser beiden Institute noch auf unterschiedliche Zinssätze lauteten, worauf spekulative Derivate im Wert von über einer Billion Dollar abgeschlossen wurden.[72]

Das Problem ist, daß die gesamte Wirtschaft inzwischen von der Immobilienspekulation abhängig ist. Ohne steigende Häuserpreise ist niemand in den USA mehr in der Lage zu konsumieren. Nur durch die zunehmenden Immobilienpreise können die Leute vermehrt Kredite aufnehmen, um die normalen Käufe zu tätigen. Sobald nun die erhofften Wertsteigerungen ausbleiben, bricht das Kartenhaus sofort in sich zusammen: Die Kreditaufnahme und -vergabe sinkt, durch die Überschuldung gehen zunehmend Haushalte bankrott und eine Welle von Zwangsverkäufen setzt ein. Je mehr Zwangsverkäufe nun nötig werden, umso mehr wiederum kommen die Immobilienpreise allgemein unter Druck, was in Folge wieder zu mehr Verkäufen führt – ein Teufelskreislauf!

Ergebnis all dessen wird ein allgemeiner Zusammenbruch der Wirtschaft sein, weil nicht nur die Kaufkraft fehlt, die durch eine steigende Kreditaufnahme entstand, sondern diese noch weiter durch die resultierende Pleitewelle einbricht. Während in der Aktienmanie der 1990er Jahre die Wertpapiere noch zum Großteil durch eigene Ersparnisse finanziert wurden, ist es bei der Immobilienspekulation anders: Hier werden zum weitaus größten Teil Fremdmittel eingesetzt. Wenn dann die vergebenen Kredite nicht mehr einbringbar sind, geraten auch die Banken schnell in Probleme, und eine Pleitewelle droht. Mit den geschlossenen Bankschaltern und dem gesperrten oder verlorengegangenen Vermögen wird die Kaufkraft der Bevölkerung weiter dezimiert, und der Konsum mit den Umsätzen für die Unternehmen bricht immer tiefer ein.

Da sich heute die meisten Länder der Welt in einer Immobilien-Spekulationsblase befinden, ist die Gefahr groß, daß auch die ganze Welt von einem Crash auf dem Häusermarkt zeitgleich getroffen wird. Wenn die Blase in den USA platzt, dann bedeutet das zwangsläufig, daß der Konsum dort wie beschrieben zusammenbricht. Da jedoch Amerika heute der größte Abnehmer von Exportgütern weltweit ist, führt ein Zusammenbruch der Immobilien-Kreditblase zwangsläufig mit dem rückläufigen Konsum dort zu einer Reduzierung der Importe. Damit geht für die ganze Welt das größte Abnehmerland für Exporte verloren. Die Folge ist global ein Einbruch der Wirtschaftsleistung und ein Platzen der Immobilienblasen, welche den Zusammenbruch weiter verstärkt.

Eines der wenigen Länder, die nicht in einer Immobilienblase gefangen sind, ist Deutschland. Nur knapp 43 Prozent aller Haushalte leben hier in den eigenen vier Wänden. Die Quote hat sich seit 1993 nur um vier Prozentpunkte erhöht. Damit bleibt Deutschland am Ende in der Liste aller europäischen Länder. In Deutschland sind gebrauchte Immobilien inzwischen wieder auf dem gleichen Preisniveau wie im Jahre 1993 angekommen, berichtete die Deutsche Bundesbank. Der Preisrückgang drückt jedoch heute schon auf die Stimmung der Verbraucher: Im vergangenen Jahr zeigte sich auch bei der Zahl der Baugenehmigungen, wie wenig Vertrauen die Bürger haben. Nach einem kurzfristigen Strohfeuer im Jahre 2003 fiel die Zahl der Wohnungsbaugenehmigungen 2004 mit knapp 270 000 Einheiten auf einen historischen Tiefstand.[73]

Was sich auf den ersten Blick positiv anhört – das Fehlen einer akuten Immobilienblase hierzulande –, sieht bei näherer Betrachtung nicht mehr so rosig aus. Während die großen Preissteigerungen in den meisten Ländern der Welt erst in den letzten Jahren stattfanden, ereigneten sich diese in Deutschland verteilt über einige Jahrzehnte bis 1995. Seither stagnieren die Preise oder gehen sogar zurück.

Doch auch in Deutschland, vor allem im Süden der Republik, sind heute Immobilien zum großen Teil völlig unrealistisch bewertet. Wenn momentan ein durchschnittliches Haus in Süddeutschland mit Bauland fast 500 000 Euro kostet, dann steht dies überhaupt nicht in Einklang mit dem durchschnittlichen Einkommen. Auch auf dem Immobilienmarkt wird die Überbewertung langsam deutlich: So werden heute Immobilien oft nur noch für die Hälfte oder sogar ein Viertel des anfangs angesetzten Gutachterpreises real verkauft. Oft wird der Fehler begangen, die vom Verkäufer in Anzeigen gewünschten Preise als »Marktpreise« anzusehen. Der reale Preis ist jedoch nicht der angesetzte Verkaufspreis, sondern der Wert, zu dem dann real verkauft wird. Viele Verkäufer brauchen Jahre, um zu realisieren, daß der angesetzte Gutachterpreis gerade noch als Bruchteil zu erwirtschaften ist.

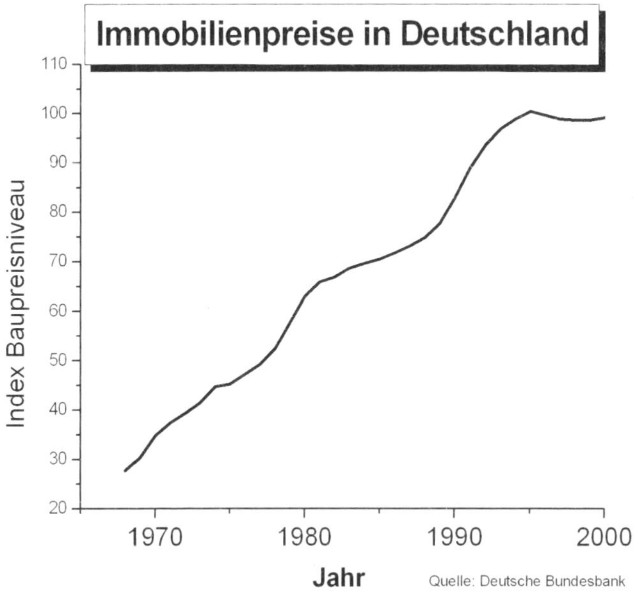

Abb. 18: Immobilienpreisentwicklung in Deutschland

Dies bedeutet: Das Platzen der Immobilienblase hat auch in Deutschland schon begonnen. Mit einem einbrechenden Export und zunehmender Arbeitslosigkeit wird die Dynamik dieser Entwicklung noch erheblich zunehmen.

Zu der sich immer mehr verschärfenden Immobilienspekulation kommt noch ein zusätzlicher, in den 1930er Jahren weitgehend unbekannter Gefahrenherd: die Derivatespekulation.

Die Derivatespekulation

Derivate sind auf dem Finanzmarkt Papiere, durch die man Risiken absichern und verlagern kann. Will sich beispielsweise ein deutscher Unternehmer gegen Wechselkursrisiken für den Dollar absichern, da er aus den USA für einen Auftrag Geld bekommen soll, kann er mit jemandem Dritten einen Vertrag gegen eine Gebühr abschließen, der ihm einen bestimmten Wechselkurs zusichert. Das heißt, will der Unternehmer z. B. eine Million Dollar absichern zu einem Kurs von 1,20 Euro je Dollar, dann gibt er seinem Vertragspartner eine bestimmte Summe Geld und schließt damit eine Art »Versicherung« mit ihm ab. Sollte am Fälligkeitstag der Dollar niedriger stehen als der ausgemachte Kurs von 1,20, dann muß sein Vertragspartner ihm den Wechselkursverlust ersetzen. Steht der Dollar-Kurs höher, kann sein Vertragspartner den Wechselkursgewinn einstreichen. Das bedeutet, daß der Unternehmer fest in die Zukunft mit einem Wechselkurs kalkulieren kann, da ein Dritter für eventuelle Verluste geradestehen muß.

Solch eine Absicherung ist im Geschäftsleben sehr sinnvoll und läßt sich neben Wechselkursen auf alle möglichen Unsicherheitsfaktoren ausdehnen: Zinsniveau, Aktien, Rohstoffpreise, Ölpreis, Preis für alle Arten von Waren (Rinder, Schweine, Kartoffeln ...). Je nach Fälligkeit, Basispreis und momentanem Marktpreis, auf die das Derivat lautet, hat dieser »Vertrag« dann einen bestimmten Wert und kann so auch von dem eigentlichen Zeichner an der Börse gehandelt werden. Solche Papiere lassen sich grundsätzlich auf steigende und fallende Kurse ausstellen. Problematisch wird es dann, wenn solche Geschäfte nicht mehr zur Absicherung realer Geschäftsrisiken dienen, sondern getätigt werden, um durch Spekulationen mühelos hohe Summen einzustreichen. Das Problem ist, daß das Risiko prinzipiell nicht kalkulierbar ist. Theoretisch wäre es möglich, daß beispielsweise aufgrund eines plötzlichen, unerwarteten Krieges im Nahen Osten der Ölpreis von 70 auf 200 Dollar pro Barrell ansteigt. Dann müßte der momentane Inhaber eines solchen Öl-Futures (Derivat auf den Ölpreis) dem Herausgeber hohe Summen für den Ausgleich des Anstieges bezahlen. Da dies dann im großen Stil passiert, könnte es geschehen, daß durch solch ein Ereignis auf einen Schlag eine ganze Reihe von Spekulanten zahlungsunfähig wird. Da überwiegend große Fonds und Banken in diese Spekulation verwickelt sind, könnte es zu Bankenpleiten kommen, die in einem Dominoeffekt einen ganzen Finanzmarkt gefährden könnten.

Etwas ähnliches passierte 1998, als der amerikanische LTCM-Fonds mit internationalen Anleihen spekulierte und durch die Zahlungsunfähigkeit Rußlands überrascht wurde. Mit einem Eigenkapital von nur fünf Milliarden US-Dollar hatte LTCM Kredite von

Geschäftsbanken in Höhe von 125 Milliarden US-Dollar aufgenommen und dann spekulative Geschäfte im Umfang von 1250 Milliarden Dollar betätigt. Nur durch die Hilfe staatlicher Institutionen konnten damals die Ausweitung des Bankrotts und ein Dominoeffekt, bei der immer mehr Banken kippen, aufgehalten werden. Vor allem der Bereich der nicht börsengehandelten, sogenannten OTC-Derviate (»over the counter«) hat in den letzten Jahren erheblich zugenommen. Die Deutsche Bundesbank weist dabei darauf hin, daß diese Derivate sehr häufig über viele Länder hinweg eingegangen werden und deutsche Banken in beträchtlichem Umfang involviert sind. Vor allem durch Kreditderivate könne das Ausfallrisiko von Krediten auf andere Teilnehmer bzw. die ganze Volkswirtschaft ausgedehnt werden.[74] Das Problem ist, daß es bei einem Crash zu unerwarteten Rückkopplungen kommen könnte, welche die Kurse weiter unter Druck setzen und das Finanzsystem gefährden könnten. Vor allem die exponentielle Entwicklung der Derivate ist besorgniserregend (Abb. 19).

Sobald sich nun im Zuge einer Krise die erwarteten Umstände

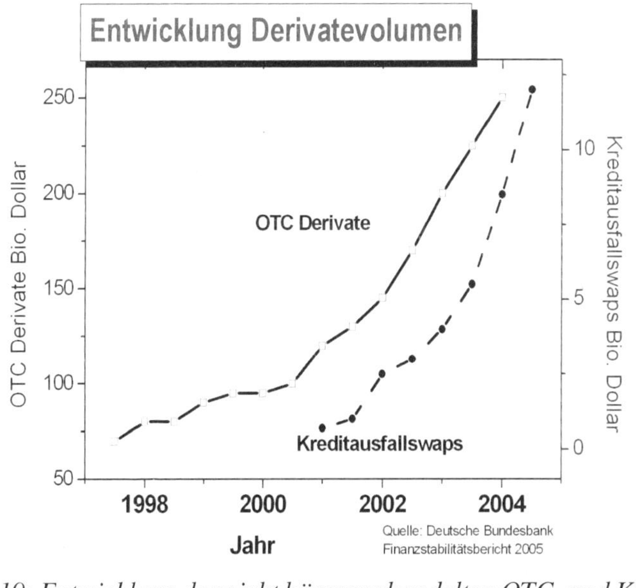

Abb. 19: Entwicklung der nicht börsengehandelten OTC- und Kreditausfall-Derivate

auf dem Markt ändern, wird das Platzen der Finanzderivate weiter dazu führen, daß eine massive Krise entsteht.

Dazu kommt die für den unwissenden Beobachter rätselhafte Steigerung der Energie-, speziell der Ölpreise.

Die kommende Energiekrise – oder wie man den Dollar stützt

Seit einigen Jahren steigt der Preis für Rohöl immer weiter an (Abb. 20).

Als Begründungen hierfür werden immer wieder neue Aspekte genannt: Einmal soll China daran schuld sein, daß der Preis für Erdöl so stark explodiert, dann wieder werden Streiks in Nigeria als Gründe dafür angegeben. Ereignet sich ein Hurrikan, wie etwa im Jahre 2005, dann wird dies als ein hauptsächlicher Grund genannt, warum der Ölpreis explodieren soll. Nicht zu vergessen sind »politische Instabilitäten in Venezuela und dem Iran« als immer wieder gehörte Gründe. All dies klingt jedoch für den kritischen Betrachter sehr konstruiert und wenig überzeugend. Streiks in Ölförderländern

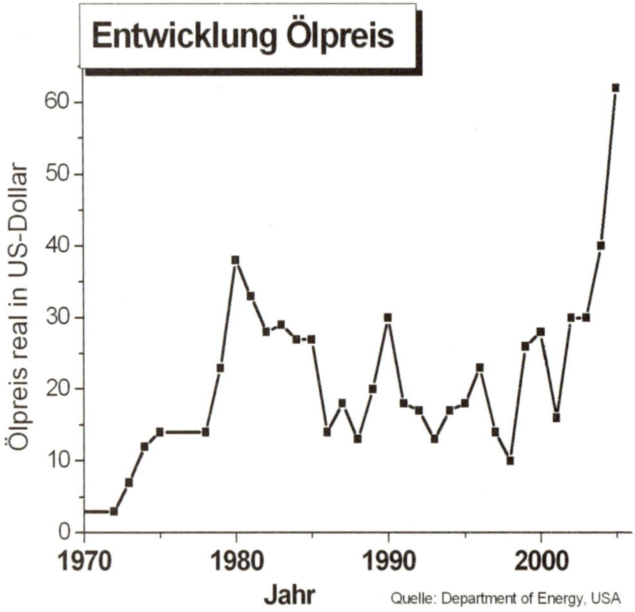

Abb. 20: Entwicklung des Rohölpreises

und Stürme hat es auch früher schon gegeben, auch Spannungen im Nahen Osten sind nichts wirklich Neues, und die Entwicklung in China ist – auf die Welt bezogen – immer noch recht gering, als daß man behaupten könne, hier habe der Verbrauch plötzlich und großartig zugenommen. Seltsam ist auch, daß, wenn die vorgegebene »Ursache« der Preiserhöhung sich aufgelöst hat – wie beispielsweise dann, wenn das Ende eines Streiks oder Sturms da ist –, der Ölpreis nicht etwa wieder auf sein ursprüngliches Niveau abfällt. Statt dessen verharrt er auf seinem überhöhten Preis – bis ein neues »Argument« zur Rechtfertigung der Problematik gefunden wird. Es sieht vielmehr danach aus, als ob man händeringend für die Masse plausible Gründe suchen würde, um die höheren Ölpreise zu rechtfertigen und um die wirklichen fundamentalen Gründe dieser Preisentwicklung zu verdecken.

Ironisch schrieb jemand im Internet über die herbeigezogenen »Ursachen«:

»Schauen wir doch mal, was für Begründungen für die ständigen Preiserhöhungen herhalten müssen. Hier mal kurz eine knappe und sehr unvollständige Aufzählung für die letzten Erhöhungen.

1. Der Iran kündigt eine Fortsetzung der Uranaufbereitung an
2. Motorisierung in Asien
3. Hurrikane in den Südstaaten
4. Überalterung der US-amerikanischen Raffinerien (ganz plötzlich?)
5. Streiks u. a. in Venezuela
6. Konfrontationen im Nahen Osten Israel vs. Palästina
7. Terroranschläge in England
8. Probleme mit Pipelines in den GUS-Staaten
9. Überhitzung des Handels mit Bonds
10. Währungsschwankungen Euro gegenüber US-Dollar
11. Eine stark beschädigte SHELL-Bohrinsel
12. und so weiter und so fort.

Soll ich weitermachen?

13. In Peking platzt eine Flasche Salatöl
14. Castro hat soeben sein Benzinfeuerzeug gefüllt
15. Vier Elvis-Fans ölen sich in Memphis die Haare
16. Die Märklin-Freunde schmieren ihre Loks

17. Eine Maskenbildnerin stylt einen Politiker
18. Das Karl-May-Buch *Der Ölprinz* wird neu aufgelegt
19. Ein Uhrmacher in Genf ölt seine Rolex
20. Die Kanzlerin will einen neuen Ölteppich fürs Kanzleramt.«

Das »peak oil«-Märchen?

Ein neues Argument für den explodierenden Ölpreis wird mit dem Schlagwort »peak oil« bezeichnet. Darunter versteht man folgendes: Wird eine neue Bohrung nach Öl gesetzt, dann kann das Schwarze Gold anfangs ohne großen Aufwand gefördert werden. Meist ist zuerst sogar noch ein Gasdruck vorhanden, der das Öl von selbst nach oben an die Erdoberfläche drückt, weshalb es nur abgepumpt werden muß. Mit der Zeit nimmt der Gasdruck jedoch ab, und es muß Wasser in das Erdreich verpreßt werden, um einen künstlichen Druck zu erzeugen. Im Laufe von Jahren oder Jahrzehnten kommt dann aus dem Bohrloch immer weniger Öl und immer mehr Wasser, bis sich die Förderung nicht mehr lohnt und die Förderstelle aufgegeben werden muß. Es wird dann an anderer Stelle neu gebohrt und der Vorgang beginnt von vorn. Das ist ein ganz normaler Prozeß und seit vielen Jahrzehnten bekannt.

Die für die hohen Ölpreise zunehmend benutzte »peak oil«-Theorie besagt nun, daß bei den meisten Förderstätten der Punkt erreicht sei, an dem die Förderleistung nicht mehr gesteigert werden kann, sondern abzufallen beginnt. Dies wäre der Zeitpunkt, an dem man trotz intensiver Anstrengungen nicht mehr in der Lage ist, die Förderleistung weiter zu erhöhen, weil die Ölvorräte zu Ende gehen. Wann dieser Zeitpunkt erreicht ist, darüber gehen die Meinungen allerdings auseinander. Manche sagen, er sei schon heute erreicht, andere sehen ihn erst im Jahre 2020 oder gar 2050 kommen. Es gibt sogar Experten, die überhaupt kein Ende der Ölvorräte sehen, da dieses in der Erde laufend nachgebildet würde. Insgesamt betrachtet ist wissenschaftlich abschließend überhaupt noch nichts geklärt.

Es gibt zudem einige Indizien, die es unglaubwürdig erscheinen lassen, daß gerade heute die Ölvorräte zu Ende sein sollen. Schon seit Jahrzehnten wird immer wieder behauptet, Öl sei in Kürze völlig verbraucht. Bereits Ende des 19. Jahrhunderts gab es die ersten Meldungen, die behaupteten, daß die Ölvorräte erschöpft seien. Auch in den 1970er Jahren waren sich Experten darüber einig, daß bis zum Jahre 2000 alle Ölfördermöglichkeiten kurz vor ihrem Ende stünden. Wie wir heute wissen, sind diese Voraussagen nicht eingetreten. Mehr als seltsam wäre demzufolge, wenn gerade heute, wo unser Finanzsystem in eine Krise gerät, »zufällig« auch das Öl zur Neige ginge. Es ist so, als ob man ein plausibles Argument für die kommende Wirtschaftskrise suchen würde. Und: Wenn die bisherigen Ölquellen angeblich immer weniger Öl liefern – warum werden keine neuen Quellen erschlossen? Weshalb investieren die Ölunternehmen immer weniger in die Entdeckung neuer Vorräte? Warum stellen die Ölkonzerne nicht mehr Geologen ein, um die dringend benötigen neuen Ölquellen zu finden?

Was auch skeptisch stimmt: Noch im Jahre 1999 war der Ölpreis bei unter zehn Dollar pro Barrell angekommen, und viele Experten waren sich sicher, daß der Rohstoff bald bei fünf Dollar pro Barrell und darunter notieren werde. Riesige Vorräte im Kaspischen Meer würden den Rohölpreis beträchtlich unter Druck setzen – so wurde unter anderem argumentiert. Schon wenige Jahre später lauteten die Prognosen ganz anders, und alle waren sich einig, daß der Ölpreis bald bei 100 Dollar pro Barrell und mehr liegen werde. In diesen wenigen Jahren jedoch haben sich sowohl die Förderleistung als auch der Verbrauch nur geringfügig verändert. Weder von der Angebots- noch von der Nachfrageseite ist also eine Steigerung des Ölpreises gerechtfertigt.

Was also ist dann vielleicht ein stichhaltigeres Argument für die doch recht rätselhaften Preiserhöhungen für Erdöl?

Finanzpolitische Gründe für den hohen Ölpreis

Um die Ursache für einen Mißstand zu finden, ist es immer hilfreich, sich zu fragen, wer denn den Nutzen davon hat. Um das zu klären, müssen wir uns in die Finanzmärkte begeben und hier speziell das gewaltige Handelsbilanzdefizit der USA ansehen.

Die Vereinigten Staaten von Amerika importieren schon seit vielen Jahren wesentlich mehr Güter, als sie exportieren. Das bedeutet, daß sich die Supermacht im Ausland dafür verschulden muß.

Nicht nur das Defizit allein ist ein Problem, sondern auch die Entwicklung desselben. Das Defizit ist nicht gleichbleibend, sondern steigert sich von Jahr zu Jahr, von Monat zu Monat beträchtlich (Abb. 21).

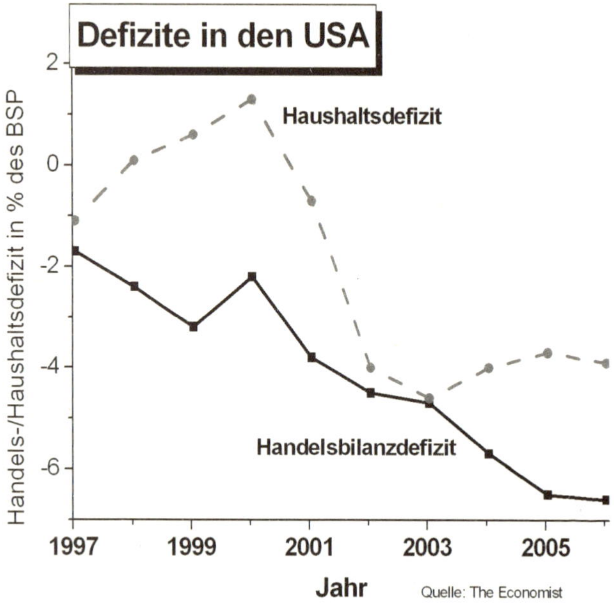

Abb. 21: Wachsendes Handelsbilanzdefizit der USA

Hinzu kommt noch ein zunehmend größer werdendes Defizit des amerikanischen Staatshaushaltes. Auch der Staat muß seine Ausgaben zunehmend durch Verschuldung decken.

Weil nun diese Defizite und die damit verbundene Auslandsverschuldung immer größer werden, steigt auch der Druck auf den Dollar-Kurs. Das kommt daher, weil die Verschuldung im Ausland nur stattfinden kann, wenn Dollar-Noten in andere Währungen getauscht werden. Je mehr Dollar nun gegen andere Währungen gewechselt werden, umso unattraktiver wird die US-Währung – der Wechselkurs sinkt. Wenn jedoch erst einmal der Dollar-Kurs zu sinken beginnt, wächst die Gefahr, daß immer mehr Investoren ihre Anlagen in den USA auflösen, um einem Wechselkursrisiko zuvorzukommen. Damit verstärkt sich die Abwärtstendenz zusätzlich, was am Ende eine ganze Verkaufswelle auslösen könnte.

Tatsächlich befinden sich die Vereinigten Staaten in einem Dilemma: Durch einen hohen Dollar-Kurs steigt das Leistungsbilanzdefizit immer weiter an, die Auslandsverschuldung explodiert. Sobald jedoch der Dollar fallen würde, könnte sofort eine panikartige Kapitalflucht einsetzen, welche die US-Wirtschaft ruinieren würde. Die Gefahr besteht darin, daß in einem solchen Fall Investitionen in den USA wegen anhaltender Kursverluste nicht mehr genügend attraktiv erscheinen könnten. Ausländische Gelder werden in einem solchen Fall schnell wieder abgezogen. Doch damit wäre die Finanzierung des Leistungsbilanzdefizits nicht mehr sichergestellt. Die Importe würden sinken, und die Amerikaner müßten den Konsum einschränken, was über eine deflationäre Abwärtsspirale eine Depression verursachen würde. Dies hätte wiederum gravierende Auswirkungen auf die ganze Welt. So würden in Europa, speziell in Deutschland, die Exporte zusammenbrechen, weil die Güter, in Dollar berechnet, für das Ausland teurer werden. Da jedoch die Konjunktur in Europa nur durch starke Ausfuhren überhaupt gehalten werden kann, würde es auch hier zu einer Rezession kommen. Auch Japan müßte zusammenbrechen, da dieses Land noch mehr auf Exporte angewiesen ist. Mit Japan müßte auch ganz Asien wegbrechen. Es käme zu einer deflationären Abwärtsspirale. Außerdem wurden in den 1990er Jahren große Volumina japanischen Geldes in den USA angelegt. Wenn nun der Dollar sinkt, sind japanische Anleger zunehmend gezwungen, ihre Depots aufzulösen, um bei einem weiteren Verfall einen Wechselkursverlust möglichst zu verhindern. Mit dem Rückzug von Kapital kommt jedoch der Dollar zusätzlich unter Druck, und gleichzeitig werden Wertpapiere an der Börse abgestoßen. Das ganze aufgeblähte System in den Vereinigten Staaten hängt also ganz am seidenen Faden eines hohen Wechselkurses des US-Dollars. Sobald dieser zu fallen beginnt, kommt es zum Zusammenbruch.

Was hat dies nun mit dem Ölpreis zu tun?

Erdöl wird weltweit ausschließlich in US-Dollar gehandelt. Dieses Privileg sicherten sich die USA nach dem Ende des Bretton-Woods-Systems Anfang der 1970er Jahre. Mit den arabischen Staaten wurde ein Abkommen getroffen, die dortigen Monarchien zu stützen, wenn Öl nur gegen Dollar verkauft werde. Unter dem Bretton-Woods-System erhielt der Dollar seine internationale Anerkennung durch die Golddeckung – danach aufgrund seiner Monopolstellung für den Rohstoffkauf. Das heißt, jedes Land, das Öl kaufen möchte, muß zuerst seine heimische Währung in amerikanische Dollar wechseln. Je höher nun der Ölpreis ist, umso stärker ist auch die Nachfrage nach Dollars, weil mehr Geld für den Rohstoffkauf benötigt wird. Mit anderen Worten: Je höher der weltweite Ölpreis, um so eher können die USA ihren Dollar-Kurs stabilisieren und ihr Handelsbilanzdefizit weiter durch Verschuldung im Ausland finanzieren.

Skeptiker merkten schon an, daß unter Umständen der Irak im Jahr 2003 auch deshalb angegriffen wurde, weil er ankündigte, in Zukunft Öl nicht mehr ausschließlich gegen Dollar, sondern nur noch gegen Euro zu verkaufen. Ähnliches ereignete sich im Iran, der schon im Jahr 2005 ankündigte, ab 2006 auf einer Ölbörse in Teheran Öl in anderen Währungen zu handeln. Dies würde natürlich die Monopolstellung des Dollars untergraben und könnte zu einer weltweiten Währungskrise führen.

Was bedeutet dies für die weitere Entwicklung?

Für die Zukunft heißt das, daß mit weiteren Steigerungen des Rohölpreises zu rechnen ist. Da das Handelbilanzdefizit der USA nicht kleiner wird, sondern im Gegenteil regelrecht explodiert, kann es für die amerikanische Wirtschaft nur einen Ausgleich geben, wenn die Dollar-Nachfrage durch einen hohen Rohölpreis gesteigert wird. Dies wiederum ist nur möglich, solange Erdöl ausschließlich gegen US-Dollar gehandelt wird. Sobald nur ein Land dieses Monopol untergräbt und Öl gegen eine andere Währung verkauft, könnte dies bereits einen Absturz des Dollar-Kurses bewirken. Dieser Sachverhalt erklärt auch die militärischen Aktionen der USA im Nahen Osten. Weil das Handelsbilanzdefizit Amerikas immer mehr aus dem Ruder läuft und auch zunehmend Bestrebungen erdölfördernder Länder aufkommen, Öl gegen andere Währungen zu verkaufen, wird sich der Dollar möglicherweise nicht mehr lange durch seine Monopolstellung halten können. In diesem Fall würde die Nachfrage nach Dollar deutlich zurückgehen und deshalb der

Kurs zu sinken beginnen. Schnell würde deutlich werden, daß unter diesen Umständen die fundamentalen Ungleichgewichte des Landes nicht mehr zu finanzieren sind – ein massiver Absturz der amerikanischen Währung droht. Dies könnte so weit gehen, daß nur eine Währungsreform dem Dollar wieder internationales Vertrauen bringen könnte.

Ein neuer Goldstandard?

Hier stellt sich die Frage, wie die USA es schaffen könnten, mit einer neuen Währung wieder den Dollar als internationale Leitwährung zu etablieren.

Wie die Geschichte zeigt, kam es bisher immer wieder zu einem Wechsel von Gold- und Papierwährung. Jede dieser Währungen wurde dazu benutzt, die Macht über Inflation und Deflation auszubauen.

Nach einer Erschütterung des Dollars könnte es geschehen, daß die Goldvorräte in den USA genutzt werden, um einen neuen Goldstandard zu schaffen. Man bedenke: Der größte Teil des Goldes weltweit lagert in den Vereinigten Staaten. Auch die großen Nationalbanken wie beispielsweise die Deutsche Bundesbank oder die Schweizer Nationalbank haben ihre Goldreserven nicht im eigenen Land, sondern in den USA gelagert. Dazu kommt noch der ganze Bestand aus dem alten Bretton-Woods-System.

Nach einem Dollar-Absturz geriete die gesamte Weltwirtschaft in eine Krise. Durch eine Aufwertung des Euros würden Europa und vor allem Deutschland seine Exportfähigkeit verlieren, eine deflationäre Krise würde ausbrechen mit einer massiv steigenden Arbeitslosigkeit. Ein Auseinanderbrechen des Euro-Verbundes ist dann nur noch eine Frage der Zeit.

Im asiatischen Raum würde es ähnlich aussehen. Ganz schlimm betroffen wären alle Länder, die ihre Währung an den Dollar gebunden haben oder mit den USA große Handelsverflechtungen aufweisen, wie beispielsweise Mexiko.

In einer solchen neuen Weltwirtschaftskrise wird es deshalb zu einer schnellen Weltwährungskonferenz kommen. Auf dieser Währungskonferenz könnten die USA anbieten, in einem neuen Bretton-Woods-System mit goldgedecktem Dollar und einer Anbindung aller Währungen an den amerikanischen Dollar wieder »Stabilität« zu schaffen.

Die wirtschaftlichen Auswirkungen eines neuen Goldstandards wären, nach den geschichtlichen Erfahrungen mit drei goldgedeckten Währungen, fatal: Die Weltwirtschaft wäre an das Gängelband eines Goldmonopols gefesselt. Kein Land hätte mehr eine Kontrolle über seine Währung. Zwar würde es keine Inflation mehr geben – dafür aber eine dauernde, um so schlimmere Deflation. Normale Arbeit und Unternehmertum wäre nur noch gegen geringe Bezahlung möglich.

Auch privater Goldbesitz würde hier nicht viel helfen: Um zum ersten genügend Gold für die Edelmetalldeckung des Dollars zu bekommen und zum zweiten »private Spekulation« mit Edelmetallen zu unterbinden, wäre ein Goldverbot unter solchen Umständen sehr naheliegend. Das Gold würde dann, wie 1933, zu einem niedrigen Kurs aufgekauft werden.

Bei Androhung von zehn Jahren Haftstrafe und einer strikten Kontrolle hätte Gold dann für lange Zeit in privatem Besitz seinen »Wert« verloren.

Nach den dargestellten historischen Erkenntnissen stellt sich nun die Frage, wie man sich eine kommende Währungszerrüttung und die darauffolgende Währungsreform vorstellen könnte.

»Für das, was uns bevorsteht, wenn nicht noch etwas Außergewöhnliches, Unerwartetes geschieht, gebraucht man heute vielfach den Ausdruck ›Zusammenbruch‹, worunter, dem Wortlaut entsprechend, sich viele einen plötzlichen, kurzen und darum schmerzlosen Vorgang vorstellen, eine Verallgemeinerung des Endes, das viele unserer Altersrentner heute für sich als Lösung des Problems wählen. Aber so beruhigend der Gedanke an einen solchen Zusammenbruch auch ist: Es geht nicht an, wir müssen einen solchen ›süßen‹ Traum zerstören und die, die sich ihm überlassen, mit rauer Stimme wachrufen. Das ist auch das einzige Mittel, um die Kräfte, die das Rettungswerk benötigt, anzuspornen, zu sam-

meln und zu mehren. Die Hoffnung auf den Zusammenbruch soll einem Schreck vor dem Zusammenbruch Platz machen, und das wird geschehen, wenn wir den Kopf aus dem Sand ziehen und mit offenen Augen die Entwicklung der Dinge betrachten, wie sie zwangsläufig vor sich gehen wird. Denn was wir von der Zukunft zu erwarten haben, wenn wir weiter wie bisher dem Geschehen tatenlos zuschauen, das ist nicht der Zusammenbruch, wohl aber die Schwindsucht, auch Auszehrung genannt, mit all ihren Schrecken, die, wenn die Vorsehung uns gnädig ist, die galoppierende Form annehmen kann, sonst aber den Todesweg mit einer langen, langen Reihe von Leidensstationen und Martersteinen zu begleiten pflegt. Wenn wir unfähig bleiben, die Aufgabe, die uns gestellt wurde, zu lösen, so werden wir Stück um Stück unsere natürliche Selbständigkeit verlieren; die Empörungen und Verzweiflungstaten, die nicht ausbleiben können, werden immer größere Kreise umfassen und immer größere Opfer verlangen, die Hungerrevolten werden kein Ende mehr nehmen, die Regierung wird nur die Verwirrung, die Hilf- und Ratlosigkeit vermehren ...«

Silvio Gesell (Vorwort zur siebten Auflage seines Buches *Die Natürlichen Wirtschaftsordnung*)

Szenario: Die weltweite Währungszerrüttung

Am Anfang des 21. Jahrhunderts nahmen die Spannungen weltweit immer mehr zu. Nach unzähligen Währungskrisen Ende des 20. Jahrhunderts, insbesondere nach der Argentinien-Krise, meinten viele, daß nun alles wieder in Ordnung sei. Zu diesem trügerischen Vertrauen trug auch ein starkes Anwachsen der Börsenwerte bei. Doch nicht nur die Börsen, auch alle anderen Vermögenswerte stiegen rasch im Preis, und überall tat sich eine Spekulationsblase auf: Egal ob man auf Anleihen, Aktien, Rohstoffe, Gold oder Immobilien setzte, fast überall konnten Gewinne eingefahren werden.

Diese trügerische Sicherheit wurde allerdings schnell erschüttert, als der US-Dollar zu sinken begann. Auslöser dafür war, daß immer mehr Ölförderländer ihre Rohstoffe gegen andere Währungen verkauften. Damit wurde die Monopolstellung des Dollars untergraben, und das Handelsbilanzdefizit der USA führte zu einer zunehmenden Kapitalflucht aus Amerika, was zu einem noch schnelleren Sinken des Dollars führte.

Dieses Ereignis setzte eine Kettenreaktion in Gang: Nach einem Börsenkrach stiegen die Zinsen, was Anleihenwerte im Kurs sinken ließ. Die Krise verbreitete sich schnell über die ganze Welt, da durch den sinkenden Dollar-Kurs die Exporte aller Länder nach Amerika zusammenbrachen. Vor allem der europäische Raum wurde von einer Depression erfaßt, was dazu führte, daß zuerst Italien, dann Spanien, Portugal und Griechenland den Euro-Verbund verließen und wieder eigene Währungen einführten. Das Vertrauen in den Euro wurde damit erschüttert, und massive Spekulationswellen gegen die festgelegten Kurse der EU-Beitrittsländer zwangen auch diese dazu, die Euro-Bindung aufzukündigen. Auch die Euro-Kernländer wie Deutschland und Frankreich mußten daraufhin wieder die ungeliebte Einheitswährung gegen nationale Währungen eintauschen. Durch die verfallenden Werte und stark sinkenden Einkommen entwickelte sich eine massive Deflationskrise. Bankenkrisen vernichteten im weiteren Verlauf noch die letzten Vermögen der Bevölkerung. Gold stieg zuerst stark an, weil viele Menschen darin einen letzten verbliebenen Hort des Vertrauens sahen. Als jedoch die Länder auf einer Not-Regierungskonferenz sich umgehend auf die Einführung eines neuen Goldstandards mit der Leitwährung Gold-Dollar einigten, wurde es auch für die Edelmetalle kritisch. Weltweit wurde ein Besitzverbot für Edelmetalle eingeführt. Goldbesitzer mußten innerhalb von 14 Tagen ihren ganzen Bestand zum symbolischen Preis von 30 Dollar pro Unze verkaufen. Der Gold-Dollar war jedoch nicht im entferntesten in der Lage, die Bedürfnisse einer dynamischen Wirtschaft zu erfüllen. Es kam zu einer permanenten Krise, die Unruhen nahmen in allen Ländern dramatische Formen an. Da überall ständiger Goldmangel herrschte, entwickelten sich zunehmend militärische Konflikte.

»Man ist immer viel besser dran, wenn man mit der Mehrheit irrt, statt allein Recht zu behalten.«
John Kenneth Galbraith

Kurzer Leitfaden zur Vermögenssicherung

Nach dem Lesen dieses Buches stellt sich natürlich die Frage, wie Sie sich vor einer Währungszerrüttung am besten schützen können. Da die detaillierten Vorgehensweisen in bezug auf eine Vermögenssicherung schon in den Büchern *Deflation – die verheimlichte Gefahr* und *Geldcrash – so retten Sie ihr Vermögen* abgehandelt wurden, folgt hier nur eine kurze Zusammenfassung.

Zuerst sollten Sie sich darüber im klaren sein, daß es keine absolute Sicherheit gibt. Man kann zwar aus der Vergangenheit lernen und weiß daher, was damals gut war und was nicht. Diese Erkenntnisse lassen sich jedoch nicht zu 100 Prozent auf die kommende Krise übertragen, da heute zum einen die Ungleichgewichte viel größer sind und zum zweiten die internationalen Verflechtungen deutlich ausgebauter sind als damals. Auch läßt sich der Zeitpunkt des Crashs nicht sicher bestimmen. Man kann zwar mit hoher Wahrscheinlichkeit sagen, daß eine massive Krise kommen wird – niemand kann jedoch sicher prognostizieren, wann dies exakt sein wird.

Krisensicherung heißt auch immer, daß Vermögen gestreut wird. Dies bedeutet, daß ein Teil des Krisendepots mehr, ein anderer weniger getroffen wird oder andere Teile sogar mit einer Wertsteigerung Verluste ausgleichen können.

Wenn von einer kommenden Währungsreform die Rede ist, denken die meisten immer zuerst an eine möglichst hohe Investition in Sachgüter, in erster Linie in Gold und Immobilien. Daß dies jedoch nicht die alleinige Investition sein darf und durchaus auch eine Reihe Nachteile mit sich bringt, wird wenig beachtet.

Private Absicherung durch Gold?

Daß Gold als Währung keinen Fortschritt gegenüber dem heutigen Papiergeld darstellt und damit nur der Teufel mit dem Belzebub ausgetrieben wird, wurde bereits erläutert. Eine ganz andere Frage ist jedoch die private Vermögensabsicherung mit Gold.

In der Tat läßt sich damit eine Währungsreform wie die der Jahre 1923 und 1948 relativ unbeschadet überstehen. Allerdings muß immer wieder betont werden, daß man hier keineswegs kurzfristig, sondern nur langfristig denken darf und nur dann profitieren kann.

Auch hat Gold heute nicht mehr die privilegierte Stellung, die es bei den beiden großen Währungsreformen in Deutschland hatte. Damals war Gold noch Währungsmetall. Entweder gab es eine Goldwährung, oder das Geld war über einen Goldstandard direkt an das Edelmetall gebunden. Das bedeutete: Wer Gold hatte, hatte damit automatisch auch Geld. Gold war also die ideale Absicherung gegen einen Währungsschnitt.

Heute dagegen sieht es anders aus: Nach dem Ende jeden Goldstandards – spätestens nach dem Festkurssystem von Bretton Woods – ist Gold nur noch ein normales Metall wie Eisen, Blei oder Kupfer. Hinzu kommen einige Nachteile, die Gold zeigt: Einmal wird es industriell wenig nachgefragt. Der Großteil des Edelmetalls wird in der Schmuckindustrie verwendet. Doch gerade in wirtschaftlich schwierigen Zeiten verliert die Schmuckbranche an Attraktivität, da die Nachfrage wegen einer zurückgehenden Kaufkraft sinkt. Das bedeutet, daß gerade die Nachfrage nach Gold in Krisenzeiten weniger wird und damit der Preis ebenfalls sinkt.

Zum zweiten ist zu bedenken, daß Staaten in Krisenzeiten durchaus dazu neigen, für Gold ein Besitzverbot auszurufen. So war der Goldbesitz während der großen Weltwirtschaftskrise beispielsweise in den Vereinigten Staaten bei Androhung hoher Gefängnisstrafen verboten. Vorhandene Goldvorräte mußten zu einem niedrig festgesetzten Preis an den Staat verkauft werden. In solch einer Zeit wäre es gefährlich, Gold zu besitzen. Selbst wenn man es verstecken würde, hätte es momentan keinen Wert, da man es gar nicht nutzen könnte, ohne Gefahr zu laufen, dafür bestraft zu werden. Gerade jedoch in einer Krisenzeit braucht man dringend Mittel, um das

Überleben zu sichern. Genau dann jedoch versagt Gold seinen Dienst.

Häufig wird auch übersehen, daß, solange es ein gesetzliches Zahlungsmittel gibt, nur dieses als offizielle Währung gilt. Man kann selbst in einer Krisenzeit mit Gold weder im Supermarkt einkaufen noch seine Steuern oder Gebühren damit direkt begleichen. Damit ist man immer auf das Funktionieren eines Edelmetallmarktes angewiesen. Erst wenn Gold gegen Geld verkauft wird, läßt es sich wirklich nutzen.

Gold ist damit keineswegs, wie heute vielfach behauptet, das universelle Krisensicherungsmittel. Man darf auch nicht aus den Augen verlieren, daß es schon Zeiten gab, in denen Gold beinahe wertlos wurde. Dies war beispielsweise nach dem Zweiten Weltkrieg in Deutschland der Fall. Aufgrund des Mangels an Nahrungsmitteln waren diese damals das eigentlich Wertvolle. Edelmetalle, Schmuck, Antiquitäten und andere ansonsten »wertvollen« Dinge wurden wenig nachgefragt. Oft gab es für einen Goldschatz gerade noch etwas zu essen.

An diesem Beispiel aus der Realität wird deutlich, daß es keine absoluten Werte gibt, sondern immer nur relative. Einem Verdurstenden in der Wüste ist ein Glas Wasser viel mehr wert als alles Gold der Welt. Gold ist zum direkten Überleben völlig entbehrlich. Deshalb verliert es auch augenblicklich dann seinen Wert beinahe komplett, wenn existentielle Versorgungsengpässe eintreten.

Trotz allem darf natürlich auch nicht der Vorteil von Gold vergessen werden: Während Geld für ungültig erklärt werden kann oder Anleihen und Aktien wertlos werden, wenn die dahinterstehenden Institutionen bankrott sind, bleibt das Metall erhalten, auch wenn der Preis gesunken ist.

Gegen eine teilweise Goldinvestition zur Risikostreuung bei der Absicherung gegen Währungskrisen spricht nichts – allerdings sollte man immer skeptisch sein, wenn in der Werbung Gold als Allheilmittel angepriesen wird.

Mit Immobilien zur Absicherung gegen eine Finanzkrise sieht es ähnlich aus.

Immobilien – ein »absoluter Schutz« gegen eine Währungsreform?

Weithin werden auch Immobilien als »sichere« Investition gegen eine Währungsreform gesehen. Wenn man von einer reinen Hyperinflation ausgeht, dann könnte diese Aussage zutreffen. Doch sogar 1923 nutzten einem Immobilien wenig, da auch diese durch den Kaufkraftverlust der Bevölkerung nur unter Wert verkauft werden konnten. Geht man davon aus, daß sich ein ähnlicher Ablauf wie vor der Währungsreform 1948 wiederholen sollte, dann sieht es noch bedenklicher aus: Damals gab es erst eine längere Deflationsperiode in Form der großen Weltwirtschaftskrise. In dieser Zeit verfielen Immobilien bis zu 90 Prozent im Wert. Nach dem Krieg nutzten Wohnungen und Häuser auch wenig, da sie mit einer Zwangshypothek im Lastenausgleich belegt wurden. Erst mit dem Einsetzen des »Wirtschaftswunders« und damit verbundenen schnell steigenden Preisen konnte man von Immobilien profitieren.

Wie sieht es heute aus?

Immobilienwerte stiegen bis 1995 sehr stark. Seit dieser Zeit stagniert die Entwicklung bzw. die Werte verfallen, wie wir gesehen haben. Da nun – wenn die Entwicklung ähnlich verläuft wie vor 1948 – erst eine Deflationsphase ansteht, dann ist dieser Preisverfall erst der Anfang. Vergessen werden sollte auch nicht die internationale Spekulationsblase. Wenn diese erst einmal platzt, dann wird dies überall auf der Welt den Wert von »Betongold« nach unten drücken. Hinzu kommt: Die Arbeitslosigkeit steigt immer schneller an, die Kaufkraft der Bevölkerung schwindet – das muß zwangsläufig auf den Wohnungs- und Häusermarkt drücken. Je mehr Arbeitslose ihre Immobilie zwangsversteigern müssen, um so tiefer wird der Preis für diese sinken. Nicht zu vergessen ist eine in Krisenzeiten steigende Kriminalität. Schnell werden da heute »attraktive Lagen«, vor allem in Großstädten, sehr unattraktiv. Denken Sie einmal an die Unruhen in Frankreich im Jahre 2005 – wenn da in einem Stadtteil erst einmal die Autos brennen und marodierende Banden durch die Straßen ziehen, könnte es lange dauern, bis in dem betroffenen Gebiet eine Wohnung überhaupt wieder verkäuflich ist.

Was ebenfalls vergessen wird, ist der Begriff »immobil« in der Immobilie. Während man Geld, Gold oder andere Wertgegenstände relativ schnell von einem Ort zum anderen transportieren kann, ist man mit einer Wohnung oder einem Haus unbeweglich. Oft vergehen Jahre, bis das Objekt veräußert werden kann, der Verkauf ist relativ kompliziert und mit zahlreichen Vorschriften und Steuern verbunden. Doch gerade in Krisenzeiten, wenn Sie dringend auf einen Verkauf angewiesen wären, lassen sich Immobilien überhaupt nicht veräußern, da niemand mehr Geld dafür übrig hat.

Nicht zu vergessen ist auch die Gefahr, daß der Staat in seiner Geldnot Immobiliensteuern erläßt oder gar den Hausbesitzern eine Zwangshypothek aufdrückt. Wer heute eine Immobilie sein eigen nennt (erst recht eine nicht selbst bewohnte Zweit-Immobilie), der gilt beim Staat als »vermögend«. Diese Personengruppe wurde in der Vergangenheit bei Steuererhöhungen relativ glimpflich behandelt. Um so mehr könnte es sein, daß für die kommende Krise genau hier Geld abgeschöpft wird.

Nicht vergessen werden sollte auch, daß in einer Krise vielen überschuldeten Hausbesitzern der Bankrott droht. Diese müssen dann zu einem niedrigen Preis verkaufen, was die Immobilienpreise in ihrer Gesamheit massiv drücken wird. In einer hyperinflationären Phase sieht es ebenfalls nicht gut aus: Wie das Beispiel der Hyperinflation von 1923 zeigt, konnten wegen der zurückgehenden Kaufkraft Immobilien oftmals gar nicht mehr verkauft werden.

Bei vermieteten Immobilien kommt hinzu, daß gerade in schlechten Zeiten die Zahlungsmoral der Mieter stark sinkt. Schon heute gibt es immer mehr »Mietnomaden«, die Wohnungen anmieten, keine Miete bezahlen und nach einer langwierigen rechtlichen Auseinandersetzung zum Auszug gezwungen werden, dann aber wieder in eine neue Wohnung einziehen und das ganze Spiel von vorn beginnen. Je schlechter die wirtschaftliche Lage sich entwickelt, um so schwieriger wird es, zuverlässige Mieter zu bekommen. Im Zweifelsfall ist bei den heutigen umfangreichen Rechten der Mieter der Vermieter stets in der schlechteren Position. Es könnte sogar passieren, daß es in einer Unruhezeit verboten wird, Mietern zu kündigen, um eine noch höhere Obdachlosenrate und damit einhergehende steigende Kriminalitätsrate zu verhindern.

Einen richtigen Vorteil bietet in solchen krisenhaften Zeiten eigentlich nur die selbstbewohnte Immobilie, da Sie in diesem Fall nicht so sehr von äußeren Umständen und der Situation des Vermieters abhängig sind wie bei einer Mietwohnung.

Zusammenfassend läßt sich damit sagen, daß vermietete Immobilien nur in »guten Zeiten« Gewinne versprechen. Eine selbstbewohnte Immobilie ist durchaus erstrebenswert. Bedenklich sind die vermieteten Objekte, da in allen Krisensituationen, egal ob Inflation, Deflation oder zunehmende soziale Spannungen, mit ihnen oftmals mehr Nachteile als Vorteile verbunden sind.

Um sich auf eine Krise einzustellen, sind einige Vorbereitungen nötig.

Vorbereitungen

Für den Euro-Raum ist im ersten Schritt von einer Deflationskrise auszugehen, weshalb hier die Vorbereitungen ansetzen sollten.

Zuerst gewöhnen Sie sich schon heute eine sparsame Lebensweise an. Das hilft Ihnen, das nötige Geld für die Krise zu sammeln, und macht es Ihnen später leichter, den Lebensstandard zu reduzieren. Sonst werden Sie sich in der Krise schmerzlich einschränken müssen. Sie hören ab sofort auf, mit Ihrem vorhandenen oder nicht vorhandenen Vermögen zu prahlen. Ein Gebrauchtwagen bringt Sie genauso ans Ziel wie ein mit Kredit gekaufter BMW. Sie hören auf, Ihre Nachbarn übertrumpfen zu wollen. Statt dessen tun Sie das Gegenteil und geben sich ärmer, als Sie sind. Das gesparte Geld legen Sie nicht in Aktien, Anleihen, Lebensversicherungen oder Fonds an, sondern halten es immer liquide. Zu keiner Zeit vertrauen Sie mehr auf irgendwelche Autoritätspersonen und Institutionen, wie Politiker, Experten und Medien. Niemand von denen hat ein Interesse daran, daß Sie gewinnen – viele möchten aber, daß Sie verlieren. Gleichzeitig schaffen Sie eventuell Vorbereitungen für ein zweites Standbein im Ausland (näheres dazu im Buch *Bloß weg – Ihr zweites Standbein im Ausland*).

Nach den grundsätzlichen Vorbereitungen können Sie nun darangehen, sich Gedanken über Ihr vorhandenes Vermögen zu machen.

Vermögenssicherung

Wichtig für Sie ist es, bei einer kommenden Schuldenkrise nicht zu den Verlierern zu gehören. Die richtigen Anlageentscheidungen sind deshalb von größter Wichtigkeit. Um sich auf eine Schuldenkrise vorzubereiten, ist es notwendig, erst einmal zu erkennen, wo die größten Gefahren liegen. Wie sich schon vermuten läßt, sind Sie um so mehr von einer Schuldenkrise betroffen, je mehr Sie selbst daran teilhaben, also je mehr Sie persönlich verschuldet sind. Die erste und wichtigste Regel lautet daher: Verschuldung in jedem Fall vermeiden!

»Als sich mir 1995 die Gelegenheit bot, alle meine Schulden zu tilgen, habe ich sie beim Schopf gepackt und es seither nie bereut. Ich lege den Lesern ... dringend nahe, derartige Gelegenheiten ebenfalls wahrzunehmen oder sie sich zu schaffen.«
Peter Warburton, Finanzanalyst, in:
Die Schuldenmaschine, Deutsche Verlagsanstalt, 1999

Grundsatz: Keine Schulden!!!

Nun stellt sich die Frage, warum Schulden im Blick auf eine kommende Krise kritisch zu betrachten sind. Die meisten Bürger denken sogar, daß Schulden in der Krise nützlich seien, da sie annehmen, daß diese automatisch mit einer Geld- und damit Schuldenentwertung einhergeht. Doch wie wir bereits gesehen haben, ist dies keineswegs der Fall, wenn man bedenkt, daß alle großen Wirtschaftskrisen gerade Deflationen, nicht Inflationen waren. Selbst wenn man von einer Inflation ausgeht, lohnt sich die Verschuldung nicht, sondern sie ist im Gegenteil sehr gefährlich.

Schulden in der Inflation

Bei einer normalen Inflation erhöht sich durch den preistreibenden Effekt der Kreditzins, weil der Geldverleiher die zu erwartende Preissteigerungsrate auf den Zins aufschlägt, um nach Rückzahlung der Schuld nicht weniger Kaufkraft zurückzubekommen als die, die er ausgeliehen hat.

Angenommen, Sie hätten sich mit 100 000 Euro bei fünf Prozent Jahreszins und null Prozent Inflation verschuldet, dann bedeutet dies eine Zinslast von 5000 Euro im Jahr. Steigt nun die Inflation plötzlich um fünf Prozentpunkte an, so steigt der Kreditzins auf zehn Prozent (fünf Prozent Zins + fünf Prozent Inflation). Ihre Zinslast verdoppelt sich damit auf 10 000 Euro im Jahr. Wenn Sie nun noch einen Inflationsausgleich beim Lohn von fünf Prozent bekommen, so bedeutet dies bei einem Durchschnittslohn von 40 000 Euro netto im Jahr einen Inflationsausgleich von nur 2000 Euro. Durch die Erhöhung der Preissteigerung müssen Sie also effektiv 3000 Euro mehr Zinslast tragen als ohne Inflation.

Es kommt also durch eine Inflation in keinster Weise zu einer Reduzierung Ihrer Zinslast, sondern das Gegenteil tritt ein: Über höhere Zinsen müssen Sie sich letztlich noch mehr für Ihren Schuldendienst aufopfern. Allenfalls im Falle einer Hyperinflation, wie im Jahre 1923, werden Sie entschuldet. Doch ist eine solche, wie wir gesehen haben, so schnell nicht zu erwarten, schon allein deswegen nicht, weil alle Notenbanken auf strikte Inflationsbekämpfung eingeschworen sind.

Dies bedeutet in der Zusammenfassung, daß eine steigende Inflationsrate heute für Sie genauso schnell den Ruin bedeuten kann wie eine Deflation.

Schulden in der Deflation

Nicht nur in der Inflation, sondern vor allem in der viel wahrscheinlicheren Deflation sind Schulden beinahe tödlich: Da die Löhne sinken, die Zinslasten jedoch gleichbleiben oder durch Risikozuschläge sogar steigen, muß immer mehr Arbeitskraft aufgewandt werden, um die Kredite zu bedienen. Im Fall einer Krise, unter den besprochenen Szenarien, würde Ihre Verschuldung einen großen Verlust von Freiheit bedeuten. Sie sind dann auf das Wohlwollen des Gläubigers angewiesen und können keinen eigenen Krisenplan entwerfen. In einer deflationären Phase sinkt Ihr persönliches Einkommen schnell, Ihr Kredit muß jedoch weiter in gleichbleibender Höhe bedient werden. Innerhalb kurzer Zeit können Sie dann möglicherweise den Kredit nicht mehr vorschriftsmäßig bedienen, es kommt zur Zwangsvollstreckung. Doch auch wenn Sie Ihre Verpflichtung weiter erfüllen, besteht Gefahr durch die Schuldverpflichtung. Das meist unterschätzte Risiko der Verschuldung liegt hierbei für Sie darin, daß die als Sicherheit für die Banken eingetragenen Vermögenswerte in der Deflation rasch an Wert verlieren. Die Bank für internationalen Zahlungsausgleich wies bereits darauf hin, daß sich ein anhaltend sinkendes Preisniveau als gravierendes Problem für die Banken erweisen könnte, wenn die Kreditsicherheiten an Wert verlieren. Die Banken wären dann gezwungen, ihre Kreditpolitik zu verschärfen.[75]

Die Kreditinstitute werden, um ihre Zahlungsfähigkeit und die Entstehung »fauler«, also ungedeckter Kredite zu verhindern, schnell von der Zwangsversteigerung Gebrauch machen. Da für gewöhnlich viele Pfandobjekte in der Krise verkauft werden, sinken die Preise drastisch. Bei einer Zwangsversteigerung wird deshalb Ihre Kreditsicherheit weit unter dem heutigen Preis verkauft. Sie haben dann beispielsweise Ihr Haus verloren, bleiben jedoch, da der Verkaufspreis nicht den Kredit abdecken konnte, weiter mit Schulden beladen zurück. Unter Umständen ist im Fall einer schweren Depression auch mit einer Verschärfung der Gesetzeslage zu rechnen, um Banken vor dem Zusammenbruch zu bewahren. Dies würde bedeuten, daß von der Zwangsvollstreckung schneller als heute üblich Gebrauch gemacht würde. Schon heute nimmt der Druck auf Schuldner zu. So beauftragte beispielsweise die Citibank ein Inkassounternehmen, das die Schulden professionell eintreiben sollte. Ein Aussetzen der Ratenzahlung bewirkte bereits die Aufkündigung des Kreditvertrages mit der Wirkung, daß der gesamte Betrag samt Zinsen fällig wurde. Die hohen Kosten für die Schuldeneintreiber wurden dem Schuldner auferlegt.[76]

In der Krise werden solche Maßnahmen noch deutlich an Schärfe gewinnen, womit Sie als Schuldner einem massiven Druck ausgesetzt sein werden.

Somit wird deutlich, daß sich Schulden, ob man mit einer Inflation oder einer Deflation rechnet, rasch als Bedrohung herausstellen können. Schulden lohnen sich damit für einen Privathaushalt ganz und gar nicht, und Sie sollten lieber den Grundsatz Ihrer Großeltern beherzigen, daß man sich nur dann etwas leisten kann, wenn man vorher gespart hat.

Zu warnen ist auch vor allen Arten von »Steuersparmodellen«, die auf Schulden basieren.

»Hier wird gerne übersehen – und von den Kreditgebern sicherlich nicht besonders herausgestellt –, daß eine steuerliche Behandlung nur dort erfolgen kann, wo Steuern anfallen. Bei Arbeitnehmern, die ihren Arbeitsplatz verlieren, oder bei Unternehmen, die – ganz gleich, aus welchem Grund – keinen Gewinn erzielen, fallen reduzierte oder gar keine Steuern an. Damit verflüchtigt sich die steuerliche Absetzbarkeit.«
Klaus Schallhorn, Wirtschaftsjournalist
(*Der Große Wolffen,* Band 1, Phillip Graf von Wolffen, Verlag Rowland & Gabriel)

Gefährliche Steuersparmodelle

Vor allem Käufer von vermieteten Immobilien wurden in der Vergangenheit angesprochen, den Kredit für eine schuldenfinanzierte Immobilie am Laufzeitende mit einer Lebensversicherung auf einen Schlag abzuzahlen. Dazu sollten ständig hohe Beträge in die Lebensversicherung fließen und nur die Zinsen des Kredites bedient werden. Der Vorteil wären die ständig hohen Zinslasten, die durch die Fremdvermietung steuerlich geltend gemacht werden könnten. Bei einem normalen Kredit mit Tilgung würde die Zinslast am Ende absinken, was auch eine verminderte Steuerersparnis zur Folge hätte.[77]

Fatal wäre dieses Steuersparmodell allerdings für Sie im Krisenszenario: Bei der Versicherung wurden Geldforderungen aufgebaut und durch die Immobilie Schulden gemacht. In der Krise wird die Auszahlung Ihrer Versicherung unter Umständen gesperrt bzw. das Unternehmen geht bankrott – die Guthaben sind verloren. Gleichzeitig sinkt in der Deflation der Preis Ihrer Immobilie stark, und Ihre Mieteinkünfte sind nicht mehr gesichert. Ihr nicht getilgter und damit mit hohen Zinsen belasteter Kredit muß jedoch weiterhin in vollem Umfang bedient werden, was durch sinkende Mieterträge und Einkommen zunehmend schwieriger wird. Gleichzeitig wird die Lebensversicherung als Kreditsicherheit für die Schulden unsicher. Früher oder später droht die Zwangsvollstreckung. Vor solchen »Steuersparmodellen« muß deshalb im Krisenszenario dringend gewarnt werden.

Was die meisten Privatleute bei den »Steuersparmodellen«, wie auch Unternehmer, die durch Verschuldung »Steuern sparen« wollen, vergessen, ist der Tatbestand, daß man nur dann eine geringere Abgabenlast hat, wenn man Gewinne einfährt. Ein Arbeitsloser wie auch ein Unternehmen, das gerade keine Gewinne erzielt, zahlen keine Steuern und können deshalb auch keine einsparen. Das Fatale an der Sache ist, daß in der kommenden Schuldenkrise sowohl das persönliche Einkommen durch Arbeitslosigkeit als auch die Gewinne der Firmen wegen Umsatzrückgangs sehr schnell sinken werden und dann das vermeintliche Sparmodell überhaupt nichts mehr bringt, wohl aber die Kredite mit ihren Kapitalkosten weiter bestehen bleiben. Entscheidungen nur unter dem Steuer-Gesichtspunkt vorzunehmen, kann sich deshalb als sehr kritisch erweisen.

Alles, was auf Verschuldung hinausläuft, sollte im heutigen labilen System möglichst gemieden werden.

Doch auf was ist zu achten, wenn man schon verschuldet ist oder Kredite nicht zu vermeiden sind?

»Die Aufnahme von Krediten ist daher in jedem einzelnen Fall die Eingehung nicht kalkulierbarer Risiken. Risiken, die zu vollständiger Verarmung führen können, wenn ursprünglich nicht in Erwägung gezogene Gefahren den Schuldner plötzlich vor neue Tatsachen stellen.«

Klaus Schallhorn, Wirtschaftsjournalist
(*Der Große Wolffen*, Band 1, Phillip Graf von Wolffen, Verlag Rowland&Gabriel)

Vorhandene Schulden

Wenn Sie schon Kredite aufgenommen haben, dann muß für Sie die Schuldentilgung oberste Priorität aufweisen. Schränken Sie alle Ausgaben, die nicht unbedingt sein müssen, ein. Lieber den Kredit abzahlen, als ein neues Auto kaufen oder einen weiteren Exklusivurlaub zu unternehmen. Oftmals merkt man dann erst, daß viele

Ausgaben gar nicht unbedingt nötig sind. So kann man Urlaub auch gut im eigenen Land machen bzw. statt der ständigen Autobenutzung auch das Fahrrad gebrauchen. Wenn Sie den Kredit schneller kündigen können, haben Sie hinterher ein um so sorgloseres Leben – ganz zu schweigen von der Risikoreduzierung im Hinblick auf eine kommende Schuldenkrise.

Vor jeder weiteren Geldanlage steht zuerst die Kredittilgung. Es gibt heute Anleger, welche Schulden haben und gleichzeitig übriges Geld nicht in die Tilgung des Kredites, sondern in Geldanlageformen wie Aktien, Anleihen oder Fonds stecken, ganz in der Hoffnung, daß die Zinserträge der Wertpapiere größer sind, als die Zinslasten für den Kredit. Im Crash sieht das Bild jedoch ganz anders aus: Die Wertpapiere verlieren kräftig an Wert und die Schulden müssen, deflationär aufgewertet, weiter bedient werden.

Deshalb heißt auch hier wieder die Regel: ***Schuldenabbau geht vor Geldanlage!***

Wenn Sie aus steuerlichen Gründen Schulden und Guthaben gleichzeitig behalten wollen, dann sollten mindestens die Guthaben so angelegt sein, daß sie in der Krise zur Schuldentilgung eingesetzt werden können. Das ideale wäre, wenn man die Schulden und entsprechende Guthaben bei der gleichen Bank hat. So können die Beträge dann im Krisenfall gegeneinander aufgerechnet werden, ohne daß Sie Angst haben müssen, die Guthaben gingen durch einen Bankenbankrott verloren, während die Schulden weiter zurückgefordert werden.

Kreditlaufzeit/Zinsfestschreibung

Was bei neuen oder vorhandenen Schulden unbedingt bedacht werden sollte, ist der Punkt, daß diese so weit wie möglich auch früher abbezahlt werden können als vertraglich vereinbart. Angenommen, Sie treten unerwartet eine Erbschaft an, dann sollten Sie in der Lage sein, den Kredit sofort zu reduzieren bzw. abzuzahlen, ohne Rücksicht auf die bei Kreditaufnahme vereinbarte Laufzeit.

Im allgemeinen sollte die Laufzeit des Kredites mit Zinsfestbindung, sofern eine vorzeitige Abzahlung möglich ist, möglichst lange sein. Im Crash erhöhen sich schnell die Zinsen. Wenn Sie dann nur eine kurze Laufzeit mit Zinsbindung oder sogar variable Zinsen haben, bekommen Sie sehr schnell die höheren Zinslast zu spüren und tun sich immer schwerer, den Schuldendienst überhaupt leisten zu können.

Anzahl Kredite

Wenn Sie viele kleinere Kredite haben, sollten Sie überlegen, ob Sie diese nicht in einen großen verwandeln – durch Aufnahme eines entsprechenden Kredites mit sofortiger Abzahlung der kleineren Schulden. Im allgemeinen werden Sie vom Gläubiger in einer Krise um so schonender behandelt, je größer Ihre Kreditsumme ist, da er es sich viel eher leisten kann, einen kleinen Kredit zu verlieren als einen großen. Also lieber eine große Schuldensumme als viele kleine Schuldbeträge.

Schulden und Immobilien

Ein Thema für sich sind schuldenfinanzierte Immobilien. Wie wir gesehen haben, fallen in einer deflationären Krise vor allem die Immobilienpreise durch steigende Zwangsverkäufe sehr stark. In der Deflation der 1930er Jahre verfielen die Immobilienwerte beispielsweise um 90 Prozent innerhalb weniger Jahre. Oftmals läßt sich das Haus dann selbst zu Spottpreisen nicht mehr verkaufen, da keine Käufer mehr da sind. So nützlich ein eigenes Haus in der Krise sein kann, da man von keinem Vermieter abhängig ist, so problematisch ist ein schuldenfinanziertes Objekt. Für Kredite gilt hier wieder, daß die Laufzeit mit Zinsfestbindung möglichst lang sein und die Hypothek so schnell wie möglich abgetragen werden sollte. Auf jeden Fall sollten Sie Abstand vom schuldenfinanzierten Kauf einer Wohnung zum weiteren Vermieten nehmen. In der Krise können die Mieter schnell nicht mehr zahlen, die Schulden werden für Sie unbezahlbar, und gleichzeitig läßt sich die Wohnung nicht mehr verkaufen. Generell gilt: Im heutigen überspekulierten Niveau des Immobilienmarktes lohnt es sich kaum, hier mit einem schuldenfinanzierten Objekt mitmischen zu wollen. Lieber Geld ansparen und in der Deflation ein Haus zum Spottpreis kaufen.

Wer vielleicht mehrere Häuser besitzt, sollte sich überlegen, eines selbst zu behalten und die anderen zu den heutigen hohen Preisen zu verkaufen, um das Geld dann in der Deflation wieder günstig einsetzen zu können. Preissteigerungen sind im Immobilienmarkt für die nächsten Jahre kaum zu erwarten, jedoch steigt das Risiko, daß Immobilien einmal plötzlich massiv an Wert verlieren.

Doch auch wenn Sie keine Schulden haben, sollten Sie Ihr Vermögen nicht leichtfertig riskieren, da Sie auf dieses in einer Schuldenkrise unter Umständen dringend angewiesen sind.

»Die Freiheit der Meinung setzt voraus, daß man eine hat.«
Heinrich Heine

GELDANLAGE

Die richtige Geldanlage spielt aufgrund des eben Gesagten eine wichtige Rolle. Wie wir schon gesehen haben, nimmt in einer weltweiten Schuldenkrise die Unsicherheit auf dem Finanzmarkt enorm zu, da niemand mehr weiß, welche Geldanlagen überhaupt noch zu realisieren sind oder welche Unternehmen und Banken schon bankrott sind.

Dadurch ergibt sich ein Risikozuschlag zum Zins, da der Geldverleiher sich das gestiegene Verlustrisiko vom Schuldner bezahlen läßt. Weil die Zinsen dann massiv steigen, hat dies teilweise verheerende Auswirkungen auf viele Geldanlageprodukte:

So stürzen beispielsweise ***festverzinsliche Wertpapiere*** im Kurs ab, und zwar umso deutlicher, je länger deren Laufzeit ist. Zusätzlich fällt der Kurs noch weiter aufgrund der aufkommenden Unsicherheit und des Rückgangs der Kaufnachfrage nach solchen Wertpapieren. Nach der Rußland-Krise mußten beispielsweise die Besitzer russischer Staatsanleihen Kursverluste von bis zu 90 Prozent hinnehmen. In der Konsequenz heißt dies, daß man nur kurzlaufende Papiere von Schuldnern mit hoher Bonität kaufen sollte.

Gleichzeitig verfallen die ***Aktienwerte*** an der Börse, weil den Unternehmen der Boden unter den Füßen weggezogen wird und die aufkommende Unsicherheit zu Aktienverkäufen führt. Die Aktienanlage muß deshalb gründlich geplant sein. Unternehmen, die in einer Krise keine Rolle mehr spielen, sind deshalb zu meiden.

Mit den Anleihen und den Aktien verfallen dann auch gleichzeitig die auf ihnen aufbauenden ***Fondsanteile***. Es ist ein weitverbreiteter Irrtum, daß die Anlage in einem Aktienfonds sicherer ist als eine Direktinvestition in Aktien. Im Gegenteil: Die Fondsanlage ist unberechenbarer, da Sie weder über die konkreten Investitionen des Fondsmanagers informiert sind noch auf dessen Handlungsweise einen Einfluß haben. Schnell sind solche Fonds dann am Ende und das Vermögen verloren, während Sie bei der Direktanlage selbst agieren können und auch die Kontrolle behalten.

Damit wird bereits an dieser Stelle deutlich, daß es im Hinblick auf eine Schuldenkrise wichtig ist, immer nur kurzfristig zu investieren. Das Geld muß ständig verfügbar sein. Was nutzt Ihnen eine hochrentable Geldanlage in der Krise, wenn Sie erst in fünf Jahren darauf zugreifen können? In der Deflation geht Ihre Bank bankrott, und in der Inflation ist Ihr Geld entwertet, bis Sie es wieder erhalten.

Also gilt hier der Grundsatz: ***Liquidität und Verfügbarkeit der Geldanlage geht vor Rendite!***

Ein weiterer, oft übersehener Punkt kommt noch hinzu: ***Je höher die Rendite, um so höher auch das Risiko!*** Viele Anleger sind heute Renditen von bis zu 20 Prozent gewohnt. Sorglos wird in Schwellenländer oder Technologiefonds investiert, immer nur mit Blick auf die hohe Rendite. Kaum jemand fragt, warum die Rendite überhaupt so hoch ist. Sie ist deshalb so hoch, weil zum Zins ein hoher Risikozuschlag kommt. Bei normaler Rendite würde niemand in solch riskanten Bereichen investieren, darum hat man es nötig, mit »Superrenditen« zu locken. Gerade in den letzten Jahren mußten Anleger dabei zunehmend erkennen, daß die »Superrendite« oft mit einem Totalverlust bezahlt werden mußte. Eine Verzinsung, höher als normal, sollte deshalb zur Vorsicht mahnen.

Beliebt waren in letzter Zeit auch Auslandsanlagen, weil hier wieder hohe Renditen versprochen wurden. Vergessen wird dabei jedoch, daß man weder Einfluß auf das jeweilige Land hat noch die dortigen Verhältnisse komplett durchschauen kann. Was ist, wenn beispielsweise die Türkei den Bankrott anmeldet, zuerst die Rückzahlung Ihrer türkischen Anleihen entgegen den Vereinbarungen verlängert und am Ende gar nicht mehr zahlt? In einer weltweiten Schuldenkrise, wenn jedes Land nur noch die eigenen Verhältnisse berücksichtigt, gehen solche Anlageformen als erstes verloren. Das bedeutet, daß eine Geldanlage auch geographisch immer erreichbar sein muß. Was machen Sie, wenn aus der Türkei keine Überweisungen mehr möglich sind? Das Anlageland muß stets so nahe sein, daß man es relativ einfach erreichen kann.

Nochmals die wichtigsten Regeln für die Geldanlage vor einer Schuldenkrise:

- Kurzfristige Anlageformen, ständig verfügbar
- Keine riskanten, hochverzinsten Geldanlagen – je höher die Rendite, um so höher das Risiko
- Liquidität geht vor Rendite
- Das Geld muß sowohl zeitlich als auch geographisch immer zu erreichen sein

»Wenn du eine Entscheidung getroffen hast,
vergiß die Alternativen.«
Peter E. Schumacher

Praktische Schritte

Was soll nun praktisch unternommen werden? Erst einmal müssen alle Schulden weg. Sind diese getilgt oder haben Sie gar keine, dann sichern Sie Ihr Vermögen stufenweise ab, indem Sie es in drei Teile aufteilen:

- Krisensicherungsteil
- liquider Teil
- Investivbetrag

Damit Sie Ihr Vermögen sinnvoll einteilen können, müssen Sie eventuell vorher langfristig angelegtes Vermögen auflösen. Nutzen Sie Phasen, in denen Ihre Aktien oder Fondsanteile hoch notieren, zum Verkauf. Auch das Zurückfahren von langlaufenden Lebensversicherungen ist zu überlegen. Überhaupt müssen ***Kapitallebensversicherungen*** in Zukunft besonders kritisch betrachtet werden: Zum einen handelt es sich um eine Anlage, die nicht schnell genug realisiert werden kann und zum zweiten erwachsen aus der Verschmelzung von Banken mit Versicherungen neue, unabsehbare Risiken.

Der Wirtschaftswissenschaftler Wilhelm Hankel wies darauf hin, daß die bewährte Arbeits- und Geschäftsteilung zwischen Banken und Versicherungen durch das sogenannte »Allfinanzkonzept« über den Haufen geworfen wurde. Nun müssen bei der Verschmelzung von Versicherungen und Banken die Versicherer unabsehbare Finanzmarktrisiken übernehmen. Jetzt könnten Versicherungskonzerne Banken übernehmen und dann ihrerseits Aktien und Börsengeschäfte ausführen, was früher undenkbar gewesen wäre. Nach dem Börsenkrach von 1929 sind weltweit unzählige Broker- und Bankhäuser bankrott gegangen, jedoch aufgrund der Trennung von Bankgeschäft und Versicherung in Deutschland keine einzige Versicherung.[78]

Dies wird sich allerdings bei der kommenden Schuldenkrise aufgrund des Zusammenwachsens von Banken und Versicherungen deutlich ändern. Überhaupt wird die Rendite bei Versicherungen im allgemeinen deutlich überschätzt. Zum einen wird nur der Kapitalteil überhaupt verzinst, zum anderen rechnet die Versicherung intern (was allerdings nur hinter vorgehaltener Hand zu erfahren ist) nur mit realen Renditen von ein bis zwei Prozent. Darüber hinaus sind die Beträge dort allenfalls gegen die Schieflage einer kleinen Versicherung abgesichert, nicht jedoch gegen Probleme einer weltweiten Schuldenkrise.

Der ***Krisensicherungsteil*** soll gegen den schlimmsten Fall absichern, wenn im Zuge einer Finanzkrise die Banken getroffen sind und ihre Auszahlungen einstellen. Dann sind Sie auf Ihre Barmittel angewiesen. Deshalb nehmen Sie 10 000 Euro und legen sie bar in kleinen Scheinen halb in Euro und halb in Schweizer Franken in ein (besser noch mehrere) Bankschließfächer. Dazu können Sie noch bis zu 5000 Euro in Form von Goldmünzen mit in das Schließfach einlegen. Der Inhalt des Schließfaches sollte unbedingt über die Bank bis zum eingelegten Wert versichert sein. Im Fall einer Krise können Sie auf diese Barmittel zurückgreifen und damit Ihre Lebensgrundlage sichern. Durch die dann eintretende Deflation wird der Betrag merklich aufgewertet und reicht viel weiter als heutzutage.

Den Betrag Ihres Vermögens, der über 10 000 Euro hinausgeht und bis zu 40 000 Euro reicht, legen Sie so an, daß er ständig verfügbar ist. In Frage kommen hierfür Geldmarktfonds, Geldmarktkonten, mehrere Sparbücher und kurzlaufende Anleihen. Achten Sie immer darauf, daß die Geldeinlage über den Einlagensicherungsfonds der Bank abgesichert und ständig verfügbar ist. Am besten den Betrag auf mehrere, unterschiedliche Banken verteilen.

Was über diese beiden Vermögensteile hinausgeht, kann normal am Finanzmarkt investiert werden. Allerdings ist es nicht ratsam, Aktien oder Anleihen von hochverschuldeten Ländern und Unternehmen zu kaufen. Zu bevorzugen sind Investitionen in Betriebe, die auch in einer Krise noch Bestand haben, z. B. Elektrizitätsunternehmen oder Nahrungsmittelhersteller.

Dies waren einige Hinweise zur persönlichen Vermögensplanung. Nun soll noch kurz darauf eingegangen werden, was kleine und mittelständische Unternehmen berücksichtigen sollten.

»Wenn die Hoffnung aufwacht, legt sich die Verzweiflung schlafen.«
Sprichwort aus Asien

Unternehmen und Schuldenkrise

Die meisten Unternehmen arbeiten heute nur noch mit wenig Eigenkapital. Entsprechend groß sind die aufgenommenen Kredite, welche die Betriebe in konjunkturschwachen Phasen erwürgen. Wenn es nun noch zu einer großen Schuldenkrise kommt, dann werden die Unternehmensgewinne als erstes davon betroffen. Zum einen kommen die Betriebe von der Kundenseite unter Druck: Da der Absatz zurückgeht, muß das Unternehmen die Preise senken, um überhaupt noch verkaufen zu können, was den Gewinn dahinschmelzen läßt. Zum anderen wird Druck von der Kapitalseite her ausgeübt: Erstens steigen die Zinsen und damit die Kapitalkosten, zweitens wollen die Banken möglichst schnell vergebene Kredite wieder eintreiben. Es werden Kreditlinien gesperrt und neue Finanzierungen abgelehnt. Unternehmen mit hoher Fremdkapitalquote sind unter diesen Umständen schnell am Ende. Also muß die Konsequenz lauten: ***Die Eigenkapitalquote soll im Unternehmen so hoch wie möglich sein!*** Da das Schuldensystem schon heute die Kaufkraft der Bevölkerung in immer schnellerem Ausmaß nach unten drückt, muß in Zukunft der Absatz eines Durchschnittsunternehmens sinken. Das bedeutet, daß große Investitionen, die nicht sofort Gewinne abwerfen, sehr zu überlegen sind. Statt neue Kredite für Neuanschaffungen aufzunehmen, kann es im Schuldenszenario viel sinnvoller sein, Kredite zu tilgen. Selbst wenn ein Konkurrenzunternehmen anfangs durch Neuinvestitionen Marktanteile gewinnt, sieht es in der kommenden Schuldenkrise völlig anders aus: Dann gewinnen nämlich die Betriebe, die rechtzeitig die Kreditlast reduziert haben. Diese überleben die Krise und können hinterher um so größere Marktanteile gewinnen. Lieber kleinere Brötchen backen, als in die Schuldenfalle zu laufen. Also: ***Überlegen Sie dreimal, ob sich neue Kredite in Zukunft wirklich lohnen!***

Überhaupt sollten alle Fixkosten so flexibel und niedrig wie möglich gehalten werden. Vermeiden Sie langfristige Zulieferverträge, die Sie in der Krise ins Schleudern bringen könnten. Lieber etwas höhere Preise bezahlen als sich abhängig machen. In der Deflation sinken dann ohnehin die Preise.

Wenn sich Schulden nicht vermeiden lassen, dann sollten Sie wenigstens die Rechtsform des Unternehmens so wählen, daß Sie persönlich nicht haftbar sind. Wandeln Sie Ihr kleines Einzelunternehmen lieber in eine GmbH um, bei der Sie nur mit dem Betriebsvermögen haften. Es wäre sogar zu überlegen, ob man nicht ein noch laufendes Unternehmen lukrativ verkaufen und erst nach der Krise wieder günstig einsteigen und weitermachen sollte. Selbstverständlich gilt auch hier wieder, daß die Zinsfestschreibung für aufgenommene Kredite so lang wie möglich sein sollte. Wenn Sie Kredite durch eine Lebensversicherung absichern, überlegen Sie, ob es statt einer Kapital- auch eine Risikolebensversicherung sein kann. Hierbei sollten Sie so wenig Kapital wie möglich binden.

Zusammenfassung Vermögenssicherung

Weil eine Währungskrise im heutigen System unausweichlich ist, ist die persönliche Vorbereitung unerläßlich. Verschuldung ist unbedingt zu vermeiden, da sowohl die Deflation als auch die Inflation die Lasten extrem erhöhen. Bei vorhandenen Schulden sollte die Kreditlaufzeit mit Zinsfestschreibung möglichst lang sein. Bei der Geldanlage muß unbedingt der Sicherheit und der Liquidität Vorrang vor der Rendite eingeräumt werden. Das Vermögen ist darüberhinaus stufenweise anzulegen. Unternehmer sollten eine weitere Verschuldung unbedingt genau überdenken, da die kommende Schuldenkrise zu stark einbrechenden Umsätzen führen wird und die Schulden dann den Betrieb ersticken.

»Und wenn die Welt nicht ganz und gar verschwinden soll, muß man sich zu denen halten, welche sie aufzubauen imstande sind.«
Johann Wolfgang von Goethe

Zusammenfassung und Schlussfolgerungen

Immer mehr Menschen spüren heute, daß mit unserem Geldwesen etwas nicht in Ordnung ist. Deshalb wächst die Angst vor einer neuen Währungsreform. Schon die zwanghafte Einführung des Euros zeigte den Menschen, wie wenig eigentlich auf die Belange der Bevölkerung Rücksicht genommen wird.

Die Währungsgeschichte macht deutlich, daß es zu einem ständigen Wechsel von geldpolitischen Fehlern und Krisen bzw. Kriegen gekommen ist. Das geht los mit der Einführung von fatalen Goldwährungen. Schon 1819 wurde die Bevölkerung von der Aristokratie und den Geldverleihern gezwungen, eine solche Goldbindung zu akzeptieren. Diese Fehlentscheidung war mit einer schnellen Verarmung der meisten Menschen verbunden.

Und so ging es in der Geschichte weiter: 1874 wurde der Goldstandard in Deutschland und später in vielen anderen Staaten eingeführt. Armut und Not führten dann zum Ersten Weltkrieg, und in der Folge war Deutschland durch die Reparationszahlungen so ruiniert, daß die Regierung versuchte, sich durch eine Hyperinflation zu entschulden. Nach der Währungsreform 1923 wurde bereits 1924 schon wieder ein Goldstandard eingeführt. Bis 1926 hatten die wichtigsten Staaten der Welt erneut die Goldwährung angenommen. Nicht zuletzt deswegen kam es in den USA nach nur wenigen Jahren 1929 zum Großen Börsenkrach und der sich anschließenden Depression. Aufgrund des Goldstandards war die ganze Welt sehr schnell von der Krise betroffen. Erst die Aufkündigung der Goldbindung durch immer mehr Staaten konnte eine Erleichterung bringen. Aus den Verwerfungen und der Not der Weltwirtschaftskrise heraus entwickelte sich der Zweite Weltkrieg, da erst die anlaufende Rüstungsindustrie wieder zu neuen Investitionen führte.

Nach dem Zweiten Weltkrieg war die deutsche Währung abermals zerrüttet, und erst die Währungsreform von 1948 konnte die Wirtschaft wieder in Gang bringen. Damals wurde jedoch durch den in der amerikanischen Stadt Bretton Woods beschlossenen weltweiten Gold-Devisenstandard wieder ein Faktor der Instabilität begründet. Schon der Versuch, das Bretton-Woods-Abkommen 1947 in England umzusetzen, endete in einem Fiasko, bei dem Großbritannien zwei Drittel seiner Währungsreserven einbüßte. Der Goldstandard konnte deshalb erst 1958 voll umgesetzt werden. Die schnelle Entwicklung der Wirtschaft (Wirtschaftswunder) führte jedoch bald zu ausgeprägten Ungleichgewichten, die dazu zwangen, die Goldeinlösepflicht des Dollars zuerst 1971, dann endgültig 1973 außer Kraft zu setzen. Statt eines Goldstandards wurden dann feste Wechselkurse beschlossen: Immer mehr Länder ketteten ihre Währungen an eine »Hartwährung« wie den US-Dollar oder die D-Mark. Dies führte in den 1990er Jahren zu einer ganzen Reihe von Währungskrisen, die insbesondere in Südostasien, Rußland, Brasilien und Argentinien großen Schaden anrichteten. Auch das auf festen Wechselkursen basierende Europäische Währungssystem (EWS) scheiterte sehr bald im Jahre 1992 nach teuren spekulativen Angriffen.

Die bisher begangenen Fehler wurde jedoch nicht etwa korrigiert, sondern immer mehr verschlimmert. So wurde 1990 in der ehemaligen DDR die D-Mark völlig übereilt und zu unrealistischen Wechselkursen durchgesetzt – eine weitgehende Deindustrialisierung der Neuen Bundesländer war die unmittelbare Folge davon. Auch in Europa entschied man sich beim Abkommen von Maastricht für eine europäische Einheitswährung, die im Jahr 2002 mit der Einführung von Euro-Bargeld umgesetzt wurde. Durch den Euro bauen sich seitdem in Europa massive Spannungen durch Handelsbilanz-Ungleichgewichte auf.

Auch weltweit haben sich die Instabilitäten erhöht: Wir kämpfen heute nicht nur gegen eine historisch nie gesehene Überschuldung aller Länder, sondern auch noch mit diversen Spekulationsblasen: Neben der Aktien-, Anleihen- und Immobilienblase sorgen auch die exponentiell steigenden Derivatewerte für einen immer gefährlicher werdenden Sprengstoff im Finanzsystem.

Und auch zwischen den Ländern wird die Instabilität immer größer: So steigt beispielsweise das Handelbilanzdefizit der USA drastisch an. Es fällt damit immer schwerer, den Dollar-Kurs zu halten. Sobald dieser zu fallen beginnen sollte, kommt eine ganze Lawine in Gang, die das weltweite Finanzsystem in eine schwere Krise stürzen könnte. Möglicherweise kann nur ein immer weiter steigender Ölpreis den Dollar-Kurs noch stützen. Da Rohöl nur gegen US-Dollar gehandelt wird, bedeutet ein hoher Ölpreis, daß die Nachfrage und damit der Kurs des Dollars steigt.

Doch auch dieses System gerät in Schwierigkeiten: Eine zunehmende Zahl von Ölstaaten möchte Erdöl gegen andere Währungen als den US-Dollar verkaufen. Dies gefährdet das Dollar-Monopol und untergräbt den Wechselkurs. Ein Dollar-Verfall ist damit nur noch eine Frage der Zeit.

Ein Ersatz könnte für die USA darin bestehen, daß wieder ein neuer Goldstandard, ähnlich dem Bretton-Woods-System, aufgebaut wird. Möglicherweise wird dann auch eine neue Regelung nötig sein, die privaten Goldbesitz erneut verbietet. Dieses System ist jedoch ebenfalls zum Scheitern verurteilt, weil ein Goldstandard nicht ansatzweise der heutigen dynamischen Wirtschaftsentwicklung gerecht werden kann. Eine weltweite Wirtschaftskatastrophe ungeahnten Ausmaßes ist damit programmiert.

Aus diesem Grund ist für den einzelnen unbedingt eine Vorsorge notwendig. Dies bedeutet zuallererst, auf jede Art von Verschuldung zu verzichten. Immobilienbesitz ist nur für den Eigengebrauch sinnvoll, weniger als fremdvermietete Wohnung. Auch beim Gold scheiden sich die Geister: Einerseits ist ein gewisser Goldbesitz zur Risikostreuung sinnvoll, andererseits ist Gold auch kein absoluter Schutz. Eine sinnvolle Vermögenssicherung besteht deshalb auf einer breiten Streuung, mit dem Verzicht auf Aktien, Anleihen, Lebensversicherungen oder sonstige Geldforderungen.

Anstatt immer wieder die gleichen Fehler zu begehen, sollte die Menschheit endlich aus der Geschichte lernen. Das bedeutet zu verstehen, welche Aufgabe Geld überhaupt hat: Geld sollte ausschließlich der Vermittler von Waren und Dienstleistungen sein. Es widerspricht dieser Aufgabe, wenn Geld als Spekulationsobjekt oder als Schatzmittel dient. Aus diesen Widersprüchen entspringt auch der Zins, der automatisch eine Volkswirtschaft in die Überschuldung treibt. Goldgeld ist in diesem Zusammenhang die untauglichste Währungsform, da mit ihr die ganze Wirtschaft von der zufälligen Goldförderung und der Laune weniger Goldbesitzer abhängig wird. Einige Versuche mit neuem, fortschrittlichem Geld in den 1930er Jahren zeigen deutlich, daß es möglich ist, eine stabile Wirtschaft ohne Krisen und Inflation oder Deflation aufzubauen.

Nur wenn diese Erkenntnisse weiterverbreitet werden und nicht wieder der Irrweg einer Goldwährung beschritten wird, besteht die Chance, eine weitere schwere Krise zu vermeiden.

Finanzberatung und Vortrags-veranstaltungen des Autors

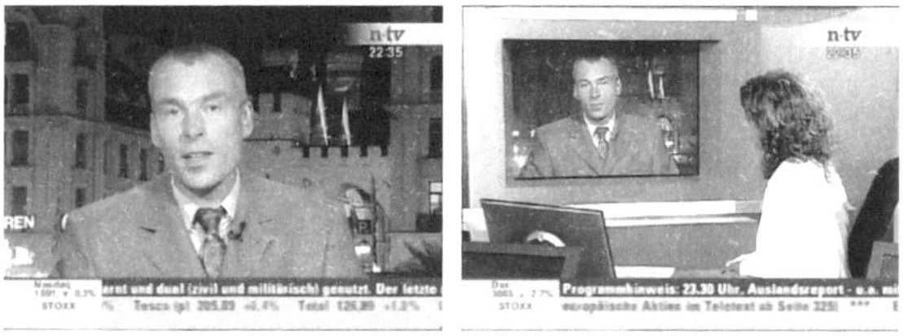

G. Hannich bei *n-tv* als Deflationsexperte

Finanzberatung: Der Autor steht für persönliche Finanz- und Anlageberatungen zur Verfügung. Für ein kostenloses, unverbindliches Angebot ist er unter den untenstehenden Kontaktmöglichkeiten erreichbar.

Vorträge: Die wirtschaftliche Situation wird immer negativer. Der Autor bietet zum Thema Wirtschaft und Geldanlage interessante Vorträge an. Die professionellen computergestalteten Lichtbilder-Veranstaltungen zeigen wirtschaftliche Entwicklungen leicht verständlich und anschaulich auf. In den abwechslungsreichen Seminaren werden nicht nur die notwendigen Abwehrmaßnahmen und Verhaltensregelungen in bezug auf eine sich abzeichnende Krise gegeben, sondern auch fundiertes Hintergrundwissen zum Finanzsystem vermittelt. Beispielfragen:

- Was ist eine Deflation, und womit müssen Sie rechnen?
- Wie reagieren Sie am besten darauf?
- Die Krise als Chance
- Geldanlage und Vermögenssicherung
- Unternehmensstrategien in der Deflation
- Stabiles Geld – neues Finanzsystem gegen den Crash

Darüber hinaus steht der Autor in der Diskussion dem Publikum für individuelle Fragen zur Verfügung. Auch für die Medien und ihre Vertreter ist Günter Hannich in Interviews gern bereit, klar Stellung zu beziehen.

Informationen zur persönlichen Finanzberatung und zu Vorträgen erhalten Sie unter:

E-Mail: info@kapitalseminare.de
Internet: www.geldcrash.de
Fax/Telefon (Anrufbeantw.): 0 25 61/959-500-850

QUELLENNACHWEIS

1 Jeweils Bundeshaushaltsplan 1950, 1974 und 1995

2 Stormy Mildner, Deutsche Gesellschaft für Auswärtige Politik e. V., Nov. 2004

3 Ogger Günter, *Die Gründerjahre*, Knaur Verlag, 1982

4 Gustav Ruhland, *System der Politischen Ökonomie*, 1898–1908

5 Deutsches Historisches Museum, Berlin

6 Stormy Mildner, Deutsche Gesellschaft für Auswärtige Politik e. V., Nov. 2004

7 Deutsches Historisches Museum, Berlin

8 Stormy Mildner, Deutsche Gesellschaft für Auswärtige Politik e. V., Nov. 2004

9 Stormy Mildner, Deutsche Gesellschaft für Auswärtige Politik e. V., Nov. 2004

10 *Die Bankierverschwörung*, 2002

11 Hugo Ritter, *Der Mensch und das Geld*, 1954

12 Franz Fischer, *Süddeutsche Zeitung*, 6. September 1991

13 Fritz Schwarz, *Das Wunder von Wörgl*, 1951

14 Stormy Mildner, Deutsche Gesellschaft für Auswärtige Politik e. V., Nov. 2004

15 Bundesanstalt für politische Bildung, *Deutschland 1945–1949, Informationen zur politischen Bildung*, 2. Quartal 1998

16 Bundesanstalt für politische Bildung, *Deutschland in den fünfziger Jahren, Informationen zur politischen Bildung*, 3. Quartal 1997

17 Friederike Hesse und Stormy Mildner, Deutsche Gesellschaft für Auswärtige Politik e. V.

18 Friederike Hesse und Stormy Mildner, Deutsche Gesellschaft für Auswärtige Politik e. V.

19 *Süddeutsche Zeitung*, 26. Februar 2000

20 *Süddeutsche Zeitung*, 11. Februar 2000

21 *Wirtschaftswoche*, 29. Oktober 1998

22 Friederike Hesse und Stormy Mildner, Deutsche Gesellschaft für Auswärtige Politik e. V.

23 *Süddeutsche Zeitung*, 30. August 1999

[24] Prof. Dr. Jochimsen, Präsident der Landeszentralbank Nordrhein-Westfalen, Deutsche Bundesbank/Auszüge aus Presseartikeln, 3. Juli 1997

[25] *Focus online*, 21. April 1998

[26] *Die Welt*, 31. März 2000

[27] *Die Welt*, 31. Mai 1999

[28] *Die Welt*, 21. September 1999

[29] *Die Zeit*, 20. Mai 1998

[30] *Süddeutsche Zeitung*, 2. Oktober 1997; Kohl-Biographie von Klaus Dreher

[31] *Financial Times Deutschland*, 9. März 2004

[32] Zitiert in: *Die Zeit*, 12. Dezember 1997

[33] Friederike Hesse und Stormy Mildner, Deutsche Gesellschaft für Auswärtige Politik e. V.

[34] Friederike Hesse und Stormy Mildner, Deutsche Gesellschaft für Auswärtige Politik e. V.

[35] *Handelsblatt online*, 22. Januar 1999

[36] *Die Welt*, 9. September 1998

[37] *Handelsblatt interaktiv*, 25. Oktober 1999

[38] *Frankfurter Allgemeine Zeitung*, 22. Februar 1999

[39] *Die Welt*, 29. Mai 1998

[40] *Handelsblatt interaktiv*, 15. Oktober 1999

[41] *Deutsche Bank Börsennachrichten online*, 28. Januar 1999

[42] *Handelsblatt online*, 20. Januar 1998

[43] *Handelsblatt online*, 8. Januar 1999

[44] *Handelsblatt online*, 1. Februar 1999

[45] *Süddeutsche Zeitung*, 22./23. November 1997

[46] *Handelsblatt online*, 29. Oktober 1998

[47] *Yahoo Schlagzeilen*, 22. Februar 2000

[48] *Die Welt*, 4. Februar 1999

[49] Friederike Hesse und Stormy Mildner, Deutsche Gesellschaft für Auswärtige Politik e. V.

[50] *Spiegel*-Kurzmeldung, 8. Mai 1998

[51] *Frankfurter Allgemeine Zeitung*, 10. November 1997

[52] *Frankfurter Allgemeine Zeitung*, 18. August 1998

[53] *Der Spiegel online*, 14. September 1998

[54] *Die Welt*, 20. Juli 1998

[55] *Die Welt*, 29. April 2000
[56] *Süddeutsche Zeitung*, 23. Juli 1998
[57] *TeleData Börseninformation*, 28. Januar 1999
[58] *Handelsblatt online*, Internet-Meldung, 29. September 1998
[59] *Die Welt*, 12. Februar 2004
[60] *Die Welt*, 3. August 2004
[61] *Die Welt*, 7. Juli 2004
[62] *Welt am Sonntag*, 18. Dezember 2005
[63] *Die Welt*, 31. Dezember 2005
[64] *Die Welt*, 6. Mai 2005
[65] Deutsche Bundesbank, Monatsbericht 6/2003
[66] *Die Welt*, 4. Juli 2005
[67] *Telepolis*, 11. Januar 2006
[68] *Financial Times Deutschland*, 19. Mai 2005
[69] *Die Welt*, 11. Juni 2005
[70] *Welt am Sonntag*, 17. Juli 2005
[71] *Neue Solidarität*, Nr. 32/2005
[72] *Neue Solidarität*, 18. August 2003
[73] *Welt am Sonntag*, 17. Juli 2005
[74] Deutsche Bundesbank, Finanzstabilitätsbericht 2005
[75] *Die Welt*, 8. Juni 1999
[76] *Süddeutsche Zeitung*, 4. Juli 2000
[77] *Süddeutsche Zeitung*, 10. September 1999
[78] *Die Woche*, 8. Juni 2001

Weitere Bücher des Autors

Deflation – die verheimlichte Gefahr

So sichern Sie sich ab und nutzen Chancen

Die nächsten Jahre entscheiden über Ihr Geld. Konzerne und Superreiche bereiten sich seit langem auf eine Deflation vor, weil sie wissen: große Vermögen werden in Krisenzeiten gemacht. Dies bedeutet für Sie ein radikales Umdenken in Hinblick auf Ihre Zukunftsplanung. Wer heute klug handelt, hat die Möglichkeit, das Schlimmste für sich zu verhindern. Aber nicht nur das. Er kann auch statt einem Krisenopfer ein Krisengewinner werden. Denn Krise heißt immer auch Chance. Und solche Chancen wie heute und in näherer Zukunft bieten sich in der Regel nur einmal pro Jahrhundert. Nicht umsonst heißt es: »Wissen ist Macht«.

Günter Hannich, ***Deflation – die verheimlichte Gefahr,*** *So sichern Sie sich ab und nutzen Chancen*, 160 Seiten, 3. Auflage 2006, ISBN 3-9808522-3-7, broschiert, 15,90 EUR

Bloß weg!

Ihr zweites Standbein im Ausland

Frust bei der Arbeit, steigende Steuern und die Bedrohung durch Krisen senken zunehmend die Lebensqualität in Deutschland. Dabei ist zu erwarten, daß sich die Situation in den nächsten Jahren noch weiter verschärfen wird. Durch ein zweites Standbein im Ausland gewinnen Sie demgegenüber Freiheit und Unabhängigkeit. Um dieses Projekt zu verwirklichen, ist es notwendig, sich sowohl mit den Vor- und Nachteilen als auch mit den Anforderungen an ein Auslandsdomizil zu beschäftigen. Checklisten und ausführliche Informationen, die in diesem Buch präsentiert werden, erleichtern den Schritt zum neuen Domizil.

Günter Hannich, ***Bloß weg!*** *Ihr zweites Standbein im Ausland. Wie Sie Krisen, Frust und Steuern entkommen*, 2. Auflage 2004, ISBN 3-9808522-2-9, broschiert, 160 Seiten, 15,90 EUR

Geldcrash – So retten Sie Ihr Vermögen

Der Krisenwegweiser

Was wäre, wenn eine Finanzkrise Ihr gesamtes Vermögen entwertet? Den wenigsten ist bewußt, daß ihr Vermögen zunehmend bedroht wird: Sowohl Währungs- als auch Schuldenkrisen gefährden das Ersparte. Dabei ist auch das laufende Einkommen von steigenden Steuerlasten und einer Umverteilung von der Mittelschicht zu wenigen Superreichen bedroht. Die kommende Entwicklung kann durch die Kenntnis unseres Geldsystems vorhergesagt werden. Dies ermöglicht Ihnen, Ihr Vermögen vor Verlusten zu schützen. Der ungünstig investierende Anleger wird vom Zusammenbruch überrascht und verliert seine Sicherheit und Freiheit. Es wird sich zeigen, daß hohe Rendite nicht gleich finanzielle Garantie ist.
Dieses Buch zeigt Schwachstellen in Ihrer Vermögensplanung auf und gibt Hinweise, worauf Sie bei der Krisensitzung achten müssen.

Günter Hannich, ***Geldcrash – Der Krisenwegweiser***, *So retten Sie Ihr Vermögen*, 6. überarbeitete und erweiterte Auflage 2006, ISBN 3-980522-1-0, 160 Seiten mit sechs Karikaturen und 20 Grafiken, kart., 14,8 x 21 cm, 15,90 EUR

»Krisenwegweiser – Angst vor dem Crash? Die Aktienmärkte streben von Rekord zu Rekord. Aber das war auch 1929 so. ... (Günter Hannich) zeigt in seinem Bändchen mögliche Krisenszenarien auf. Keine Panikmache. Doch etwas Nachdenklichkeit hat bisher den wenigsten Geldanlegern geschadet.«
Handelsblatt, 28. Dezember 1999

»Der wichtigste Schritt zu einer sicheren Anlage besteht darin, selbst die Verantwortung für sein Eigentum zu übernehmen. ›Auf die meisten Experten ist ebensowenig Verlaß wie auf Aussagen von Notenbanken über anstehende Zinssenkungen‹, sagt Buchautor Günter Hannich (›Geldcrash – So retten Sie Ihr Vermögen‹*).«*
Die Welt, 16. März 2001

Börsenkrach und Weltwirtschaftskrise

Der Weg in den Dritten Weltkrieg

Das Grundlagenbuch, das erklärt, was in Zukunft auf uns zu kommt. Für die meisten Menschen ist unser Geldsystem eine gegebene Größe, über die man sich keine weiteren Gedanken zu machen braucht. Wer jedoch den Funktionsmechanismen auf die Spur kommt, erkennt schnell, daß der Zinskapitalismus auf ständige Expansion angewiesen ist. Da es aber in einer endlichen Welt kein unendliches Wachstum geben kann, ist das System zum Scheitern verurteilt. Weil die Politiker und die Hochfinanz mit ihren internationalen Machtkartellen alles daran setzen, die Stunde der Wahrheit so lange wie möglich hinauszuzögern, bläht sich das System immer mehr auf. Die Umverteilung des Kapitals von Arm nach Reich geschieht immer schneller. Doch die Finanzblase wird platzen. Wir stehen unmittelbar vor der größten Weltwirtschaftskrise, welche die Erde je gesehen hat. Sie wird für die meisten zu unbeschreiblicher Armut und schrecklichem Elend führen, am Ende sogar zu einem neuen Weltkrieg. Diesem Desaster der Währungssysteme und dem Zusammenbruch aller Börsen wird sich niemand entziehen können. Mit marktschreierischen Untergangsvisionen hat Hannich trotz dieser mehr als beunruhigenden Feststellungen nichts im Sinn. Seine Analysen sind präzise und fundiert. Sie münden in konkrete Strategien und entbehren nicht einer bestechenden Logik. Anhand von Beispielen aus der Geschichte zeigt Hannich, daß es nicht so weit kommen muß. Eine stabile Wirtschafts- und Geldordnung ist möglich! Dadurch ist dieses Buch Orientierung für jedermann und eine Herausforderung an die Flexibilität und Phantasie von Politikern und Managern.

Günter Hannich, ***Börsenkrach und Weltwirtschaftskrise*** – *Der Weg in den 3. Weltkrieg,* völlig überarbeitete Auflage 2006, ISBN 3-930219-34-4, 320 Seiten mit 30 Grafiken und Bildern, gebunden mit Schutzumschlag, 19,90 EUR

Die Bücher der Seiten 187 bis 189
können Sie beziehen über:

KOPP VERLAG
Pfeiferstraße 52 • D-72108 Rottenburg
Tel.: (0 74 72) 98 06-0 • Fax: (0 74 72) 98 06-11
Email: info@kopp-verlag.de